O Espelho Oculto
A Verdade Sobre o Clone Astral

Allan Shepard

Booklas Publishing — 2025
Obra escrita originalmente em 2023.

Título Original:
The Hidden Mirror – The Truth About the Astral Clone
Copyright © 2025, publicado por Luiz Antonio dos Santos ME.
Este livro é uma obra de não-ficção que explora práticas e conceitos no campo da espiritualidade, do ocultismo e da constituição energética do ser humano. Através de uma abordagem multidisciplinar, o autor apresenta visões esotéricas e terapêuticas sobre o fenômeno do clone astral e suas implicações na psique e na energia pessoal.
Escrito originalmente em 2023.
1ª Edição
Equipe de Produção
Autor: Allan Shepard
Editor: Luiz Santos
Capa: Studios Booklas / Clara Lúmen
Consultor: Dr. Érico Veigh
Pesquisadores: Mônica Silveira / Rafael Andros / Tiago Lumen
Diagramação: Sofia Vale
Tradução: Daniel R. Holm

Publicação e Identificação
O Espelho Oculto – A Verdade Sobre o Clone Astral
Booklas, 2025
Categorias: Espiritualidade / Ocultismo
DDC: 133.9 — Fenômenos paranormais, esoterismo
CDU: 133.5 — Ciências ocultas, esoterismo (espiritualidade prática)

Todos os direitos reservados a:
Luiz Antonio dos Santos ME / Booklas
Nenhuma parte deste livro pode ser reproduzida, armazenada num sistema de recuperação ou transmitida por qualquer meio — eletrônico, mecânico, fotocópia, gravação ou outro — sem a autorização prévia e expressa do detentor dos direitos de autorais.

Sumário

Índice Sistemátivo 5
Prólogo 10
Capítulo 1 O Clone Astral 13
Capítulo 2 Corpos Sutis 21
Capítulo 3 Duplo Espiritual 28
Capítulo 4 Sabedoria Hermética 36
Capítulo 5 Visão Teosófica 44
Capítulo 6 Magia do Caos 51
Capítulo 7 Perspectiva Xamânica 58
Capítulo 8 Visão Espírita 65
Capítulo 9 Formas de Pensamento 73
Capítulo 10 Causas Internas 80
Capítulo 11 Causas Externas 87
Capítulo 12 Trauma e Fragmentação 94
Capítulo 13 Magia Negativa 101
Capítulo 14 Vínculo Energético 108
Capítulo 15 Drenagem Vital 115
Capítulo 16 Influência Mental 122
Capítulo 17 Parasita Astral 130
Capítulo 18 Sinais Físicos 138
Capítulo 19 Sinais Psíquicos 145
Capítulo 20 Detecção Espiritual 152
Capítulo 21 Preparação Inicial 159
Capítulo 22 Limpeza Espiritual 165

Capítulo 23 Ritual de Banimento 171
Capítulo 24 Proteção Espiritual 178
Capítulo 25 Ajuda Espiritual 185
Capítulo 26 Cura Xamânica 192
Capítulo 27 Ritual Mágico 198
Capítulo 28 Técnica Apométrica 204
Capítulo 29 Reintegração Interna 211
Capítulo 30 Cuidados Finais 217
Capítulo 31 Libertação Completa 224
Epílogo 231

Índice Sistemátivo

Capítulo 1: O Clone Astral - Apresenta o conceito de clone astral como uma duplicação energética do ser humano, discutindo sua origem, natureza e impacto no equilíbrio individual.

Capítulo 2: Corpos Sutis - Explora a constituição multidimensional do ser humano, detalhando os corpos sutis e suas funções como canais de comunicação entre o mundo material e os planos elevados de consciência.

Capítulo 3: Duplo Espiritual - Aborda o conceito de duplo espiritual, suas manifestações em diferentes tradições e aprofunda a discussão sobre o clone astral como uma forma específica de duplo.

Capítulo 4: Sabedoria Hermética - Explora os princípios do Hermetismo e sua relação com o fenômeno do clone astral, apresentando como as leis universais regem as manifestações sutis da existência.

Capítulo 5: Visão Teosófica - Apresenta a visão teosófica sobre o clone astral, inserindo o fenômeno no contexto dos corpos sutis e da evolução da consciência.

Capítulo 6: Magia do Caos - Aborda a Magia do Caos e sua perspectiva sobre a criação de entidades astrais, discutindo a manipulação consciente de clones astrais como ferramenta mágica.

Capítulo 7: Perspectiva Xamânica - Apresenta a visão xamânica sobre a fragmentação da alma e a existência de duplicatas espirituais, discutindo o papel do xamã na cura e reintegração desses fragmentos.

Capítulo 8: Visão Espírita - Expõe a doutrina espírita e sua interpretação sobre as manifestações do plano espiritual, oferecendo uma compreensão do clone astral à luz dos princípios espíritas.

Capítulo 9: Formas de Pensamento - Discorre sobre a criação de formas-pensamento e sua relação com o clone astral, analisando como os processos mentais e emocionais podem dar origem a duplicatas energéticas.

Capítulo 10: Causas Internas - Examina as causas internas do surgimento do clone astral, focando em como emoções reprimidas, padrões mentais e conflitos inconscientes contribuem para a formação dessas duplicatas.

Capítulo 11: Causas Externas - Discute as influências externas na criação do clone astral, abordando ações de espíritos obsessores, magos negativos e outras entidades que manipulam a energia de indivíduos.

Capítulo 12: Trauma e Fragmentação - Explora a relação entre trauma e a fragmentação da alma, discutindo como experiências traumáticas podem levar à criação de clones astrais como mecanismo de autoproteção.

Capítulo 13: Magia Negativa - Detalha a manipulação de energias sutis com intenções destrutivas, mostrando como a magia negativa pode ser utilizada para criar e controlar clones astrais.

Capítulo 14: Vínculo Energético - Explora as conexões sutis que ligam os seres e como essas ligações se manifestam no caso do clone astral, discutindo a influência mútua entre criador e criação.

Capítulo 15: Drenagem Vital - Descreve o processo de drenagem vital causado por clones astrais, discutindo como essas entidades se alimentam da energia do hospedeiro e os efeitos desse consumo no corpo físico e energético.

Capítulo 16: Influência Mental - Examina a influência do clone astral no campo mental, discutindo como essa entidade pode manipular pensamentos, emoções e percepções.

Capítulo 17: Parasita Astral - Aprofunda a discussão sobre o clone astral como parasita, analisando como ele pode se transformar em uma entidade predatória que se alimenta da energia vital do hospedeiro.

Capítulo 18: Sinais Físicos - Descreve os sinais físicos que podem indicar a presença de um clone astral, discutindo como essa entidade interfere no corpo e na saúde.

Capítulo 19: Sinais Psíquicos - Detalha os sinais psíquicos que sugerem a influência de um clone astral, abordando como essa entidade interfere nos processos mentais e emocionais.

Capítulo 20: Detecção Espiritual - Descreve os métodos de detecção espiritual do clone astral, discutindo como médiuns, terapeutas e indivíduos podem perceber a presença dessa entidade.

Capítulo 21: Preparação Inicial - Descreve a importância da preparação em múltiplos níveis para a libertação do clone astral, enfatizando o entendimento do campo energético e o comprometimento com a cura.

Capítulo 22: Limpeza Espiritual - Aborda a limpeza espiritual como um processo de remoção de impurezas vibratórias e desestruturação dos alicerces do clone astral, destacando a importância da presença, intenção e comprometimento.

Capítulo 23: Ritual de Banimento - Descreve o ritual de banimento como a culminância do processo de retomada do poder interior, onde o indivíduo declara que nenhuma energia dissociada tem permissão para permanecer em seu campo vibracional.

Capítulo 24: Proteção Espiritual - Aborda a proteção espiritual como um campo dinâmico que se renova continuamente, enfatizando a importância do alinhamento entre pensamento, emoção e ação para manter a libertação conquistada.

Capítulo 25: Ajuda Espiritual - Discute a ajuda espiritual como um recurso necessário quando a presença do clone astral persiste, enfatizando a importância de reconhecer a necessidade de auxílio e a diversidade de fontes disponíveis.

Capítulo 26: Cura Xamânica - Apresenta a cura xamânica como um caminho de reintegração da alma e dissolução do clone astral, enfatizando a importância da escuta simbólica, acolhimento e reconexão com a essência.

Capítulo 27: Ritual Mágico - Descreve o ritual mágico como uma intervenção para dissolver o clone astral, enfatizando a importância da intenção, presença e alinhamento entre pensamento, emoção e espírito.

Capítulo 28: Técnica Apométrica - Apresenta a técnica apométrica como uma abordagem eficaz para lidar com interferências astrais, destacando sua precisão e capacidade de promover limpeza, reintegração e alinhamento energético.

Capítulo 29: Reintegração Interna - Aborda a reintegração interna como um processo de cura e reconstrução após a eliminação do clone astral, enfatizando a importância de revisitar partes da psique e promover a restauração do equilíbrio.

Capítulo 30: Cuidados Finais - Descreve os cuidados finais como uma etapa de maturidade interior após a remoção do clone astral, enfatizando a importância de consolidar um novo patamar de integridade e cultivar a coerência energética.

Capítulo 31: Libertação Completa - Apresenta a libertação completa como um estado de liberdade interna inabalável, alcançado com a restituição do eixo interior e a reconexão com a essência original da alma.

Prólogo

Há momentos em que tudo desanda. Os caminhos antes claros se tornam turvos, as emoções se embaralham sem explicação, e o cansaço — físico, mental e espiritual — se instala como um nevoeiro persistente. Muitos tentam justificar: estresse, má sorte, ciclos ruins. Mas e se a verdade for mais profunda, mais antiga, mais invisível?

E se o que está operando contra você não for um fator externo... mas um reflexo oculto que vibra nas sombras do seu próprio campo energético?

Este livro, que agora repousa em suas mãos, não é um tratado teórico. É um mapa — detalhado, revelador e urgente — para entender a existência de um fenômeno tão real quanto desconhecido: o clone astral. Uma duplicata energética que, uma vez formada, não apenas influencia sua vida... ela vive *através* dela.

Sim, ele pode ter sido criado por você, sem intenção, em momentos de dor, raiva ou trauma. Mas há algo ainda mais inquietante: o clone astral também pode ser forjado por alguém que deseja o seu mal. Um ser de intenção perversa, que molda sua energia e a transforma em uma cópia sua, usada como instrumento de sabotagem espiritual.

Parece impossível? Não é.

Há milênios, tradições ocultas e escolas iniciáticas reconhecem a existência de fragmentos astrais semi-autônomos, criados por vontade alheia para espiar, influenciar, adoecer ou manipular. E o mais cruel: ao serem atacados, punidos ou usados, o impacto reverbera diretamente em você. Assim como um boneco de vudu conectado à sua essência, essa duplicata sofre — e você sofre com ela.

Mas então, por que ninguém fala disso?

Porque o mundo moderno se desconectou dos mistérios que sustentam a verdadeira natureza do ser. Ignoramos o invisível. Rimos do espiritual. E, nesse riso cético, entregamos nossas defesas à própria sombra que juramos não existir. Não se engane: ignorar o clone astral não o faz desaparecer. Apenas o torna mais forte.

Este livro traz um alerta, mas também uma chave. Aqui, você descobrirá:

Como um clone astral é criado — por você ou por outros;

Como identificá-lo em sua vida através de sinais físicos, mentais e espirituais;

Como dissolver essa presença sutil antes que ela o consuma.

É preciso entender: se tudo vai mal, se os padrões se repetem, se você sente uma presença estranha dentro de si, algo está fora de lugar. E, muito provavelmente, esse "algo" tem seu rosto.

Não se trata de superstição. Trata-se de reconhecer que você é um ser multidimensional, com camadas de existência que se expandem para além do corpo físico. E nessas camadas, pensamentos, emoções e intenções se cristalizam. Tomam forma. Agem.

O clone astral é um desses frutos. Ele nasce, cresce... e, se não for compreendido, aprisiona.

Mas há uma saída. Uma jornada de reconexão, de purificação e de reintegração. O conhecimento contido nas próximas páginas não apenas explica o fenômeno — ele lhe oferece ferramentas reais para enfrentá-lo. Para retomar o controle da sua energia, da sua alma e da sua existência.

Portanto, leia com atenção. Leia com o coração desperto. Porque talvez — só talvez — a chave para se libertar de tudo o que tem dado errado na sua vida... esteja aqui.

Este não é apenas um livro. É um espelho. E chegou a hora de se olhar sem medo.

Luiz Santos Editor

Capítulo 1
O Clone Astral

A existência de uma duplicata energética que coexiste com o ser humano em outra faixa de realidade é um fenômeno que transcende as concepções tradicionais da individualidade. Essa duplicação, embora imperceptível aos sentidos físicos, está intrinsecamente ligada à constituição mais profunda do ser, manifestando-se como uma extensão do psiquismo em um plano não material. O Clone Astral, como é conhecido nas tradições esotéricas, não representa apenas uma curiosidade metafísica, mas sim uma realidade com implicações diretas sobre o equilíbrio emocional, energético e espiritual do indivíduo. Ele surge a partir da condensação de aspectos internos não integrados, refletindo, com intensidade variável, traços, desejos, temores e padrões psíquicos do originador. É uma expressão viva de fragmentos da alma ou da mente que, por alguma razão, escaparam da unidade do eu consciente e passaram a atuar de forma autônoma em um campo vibracional paralelo.

Esse tipo de duplicação não é fruto da ciência ou da engenharia genética, mas sim da dinâmica energética e espiritual que envolve cada ser humano. Assim como o pensamento molda realidades no plano sutil, emoções intensas e recorrentes podem, com o tempo, dar forma a entidades semimateriais que carregam a assinatura energética de quem as gerou. O clone astral é uma dessas formas: mais denso que um pensamento, porém mais sutil que a matéria física. Ele pode surgir em momentos de desequilíbrio emocional, traumas profundos, práticas espirituais desordenadas ou até mesmo por influência externa, quando forças intencionais atuam sobre a matriz energética do indivíduo. Sua constituição, embora sutil, é suficientemente estruturada para permitir que interaja com o ambiente astral, com outras entidades, e até mesmo com o plano físico, por meio da influência indireta sobre seu criador.

 O impacto da existência de um clone astral é amplo e multifacetado. Ao se manter vinculado ao seu originador através de uma conexão energética permanente, ele influencia diretamente os estados mentais, emocionais e espirituais do indivíduo, muitas vezes sem que este perceba a origem dos distúrbios que enfrenta. Essa ligação é semelhante a um fluxo bidirecional, onde impressões e impulsos transitam constantemente entre o original e sua duplicata. A intensidade dessa troca depende do nível de consciência do criador sobre o fenômeno e do grau de autonomia que o clone desenvolveu. Em casos mais avançados, o clone pode agir com vontade própria, interferindo nas decisões e emoções do indivíduo, como se fosse um reflexo inconsciente ganhando vida própria. Identificá-lo, compreendê-lo e integrá-lo torna-se, portanto, um passo essencial no caminho do autoconhecimento e da harmonização interior. Trata-se de reconhecer que o mundo sutil não é uma fantasia, mas uma extensão legítima da realidade, onde fragmentos esquecidos de nós mesmos aguardam, silenciosos, a chance de serem ouvidos.

Diferentemente do clone científico, feito a partir do material genético, moldado em laboratórios e carregado de implicações éticas e biológicas, o clone astral não depende de células, DNA ou incubadoras. Sua substância é mais sutil, composta de matéria astral ou mental, e sua origem se dá por vias desconhecidas da maioria. Esse ser, por vezes, não é sequer percebido por seu criador. Surge espontaneamente, ou, em algumas ocasiões, é forjado por forças que escapam ao domínio humano. Sua presença, entretanto, é tangível nos efeitos que produz, reverberando sensações, pensamentos e estados emocionais que escapam à lógica comum.

O clone astral, ao ser formado, mantém um vínculo invisível com o seu originador. Esse elo energético, muitas vezes comparado ao cordão de prata da projeção astral, serve como um canal de comunicação e influência mútua. Não se trata de um ser completamente autônomo, mas também não é totalmente submisso. Ele existe em um ponto intermediário entre a obediência e a independência, um reflexo animado por partes do psiquismo do original, que, ao ganhar corpo no plano astral, passa a ter ação própria.

Nas tradições místicas, há longas descrições sobre entidades que se assemelham ao clone astral. A Cabala, por exemplo, fala do dybbuk – uma entidade que pode possuir ou imitar uma alma humana. No Egito Antigo, o Ka era um duplo espiritual que seguia o indivíduo durante a vida e após a morte, com rituais próprios para sua nutrição e tranquilidade. Já na Índia védica, o conceito do "Sharira" aponta para múltiplos corpos do ser humano, sendo um deles o corpo astral, suscetível ao desdobramento e a formas independentes que podem assumir características semelhantes às do clone.

Embora a noção de um "outro eu" possa parecer, à primeira vista, algo fantasioso, a experiência humana mostra que há mais entre o céu e a terra do que supõem os sistemas de pensamento cartesianos. Quantas vezes alguém sente estar sendo observado, mas ao se virar não há ninguém? Quantas pessoas já narraram ter visto a si mesmas em sonhos ou visões, em atos que nunca realizaram conscientemente? Esses relatos, por mais difusos que pareçam, apontam para um fenômeno persistente na psique coletiva: a existência de um outro, espelhado em nós, mas agindo sob leis próprias.

No plano astral, onde o tempo e o espaço são plásticos e moldáveis ao pensamento, o clone pode assumir formas múltiplas. Em alguns casos, ele parece idêntico ao corpo físico. Em outros, pode surgir distorcido, carregando em sua aparência simbologias dos estados emocionais de seu criador: sombras, cicatrizes, cores incomuns. Esses sinais são mais do que adornos visuais – são registros vivos da energia que o gerou. Um clone astral nascido da raiva pode parecer ameaçador, enquanto um originado do medo pode ser frágil, fustigado por tremores constantes. Mas, em todos os casos, ele representa um aspecto real, ainda que oculto, do ser que lhe deu origem.

Há um mistério profundo em torno do modo como esses clones são gerados. Algumas linhas esotéricas afirmam que todo ser humano cria formas astrais inconscientemente, com base em seus pensamentos e emoções. A diferença entre essas formas-pensamento e o clone astral estaria no grau de complexidade e vínculo. O clone não é uma mera ideia flutuante: é um fragmento animado, um pedaço do self dotado de movimento e intenção, mesmo que rudimentar. Em algumas situações, essa entidade é capaz de interagir com outras no plano astral, estabelecer vínculos, aprender, e até, em casos extremos, agir contra os interesses de seu criador.

O perigo do clone astral reside justamente nessa autonomia crescente. Quando não identificado, ele continua absorvendo energia vital do original, como uma planta parasita que, apesar de parecer inofensiva, aos poucos sufoca a árvore que a abriga. Sensações de cansaço inexplicável, mudanças súbitas de humor, sonhos vívidos com duplos, sensações de estar "fora de si" ou mesmo pequenos lapsos de memória podem ser sinais sutis de sua presença. Muitas vezes, o indivíduo não percebe que está sendo influenciado por uma duplicata que vive em outra dimensão, mas que, por meio do elo energético, envia impulsos e interferências constantes.

Além dos casos de surgimento espontâneo, há situações mais graves em que o clone astral é criado por terceiros. Espíritos obsessores, magistas negativos ou entidades extrafísicas podem manipular a estrutura sutil de uma pessoa para extrair um fragmento de sua energia e moldá-lo em uma duplicata. Essa cópia, então, é programada para objetivos específicos: espionagem astral, manipulação psíquica, drenagem energética. Em rituais de magia de baixa vibração, essa prática é conhecida como duplicação parasitária. O clone se torna um canal por onde o manipulador acessa e influencia a vítima, sem que ela perceba a origem dos pensamentos e emoções que passam a dominá-la.

    A existência do clone astral não está restrita a indivíduos espiritualmente vulneráveis ou em desequilíbrio. Até mesmo pessoas com grande desenvolvimento espiritual podem experimentar esse fenômeno, especialmente quando lidam com emoções intensas não resolvidas. A diferença está na capacidade de identificação e resolução. Um praticante consciente pode perceber a duplicata e reintegrá-la, dissolvendo o vínculo ou curando a parte de si que foi projetada. Já alguém desavisado tende a sofrer as consequências sem compreender as causas, tornando-se refém de um reflexo que deveria ser apenas um sinal, e não uma prisão.

    O vínculo entre o clone e o original é um dos aspectos mais fascinantes e perigosos do fenômeno. Ele funciona como uma artéria energética, por onde fluem emoções, memórias e sensações. O clone, por ser um pedaço do ser, está naturalmente sintonizado com suas frequências. Quando o criador sente raiva, o clone vibra em raiva. Quando sente dor, o clone reverbera essa dor. O problema é que esse fluxo também ocorre no sentido inverso. Se o clone é atacado no plano astral, o original pode sentir dor física ou emocional. Se o clone interage com entidades nocivas, o hospedeiro pode ser afetado psicologicamente, sem saber de onde vem a perturbação. Esse cordão de ligação é tanto um canal quanto uma prisão, exigindo manejo preciso para que não se torne um caminho de autodestruição.

Em algumas tradições esotéricas, o clone astral é visto como uma oportunidade. Ele pode ser compreendido como um espelho evolutivo, uma chance de confrontar partes negadas de si mesmo. Ao invés de simplesmente destruí-lo, alguns mestres ensinam a dialogar com o clone, entender suas motivações e dissolver a energia que o anima por meio da integração. Isso, entretanto, exige um grau elevado de autoconhecimento e domínio espiritual, já que o clone tende a resistir à reintegração, buscando manter sua existência por instinto energético. Não é raro que ele tente se ocultar no plano astral, se disfarce ou mesmo minta para entidades sensíveis que tentam capturá-lo. Ele quer sobreviver – e essa vontade o aproxima, perigosamente, de um ser com rudimentos de consciência.

Ao fim, o clone astral é um fenômeno que exige olhar atento, disciplina interior e profundo respeito pela realidade dos planos sutis. Ignorá-lo não o fará desaparecer. Pelo contrário: ao negar sua existência, a pessoa apenas cede mais terreno para que ele atue em seu campo sutil. Reconhecer sua presença é o primeiro passo para compreender o que ele representa: uma parte de si, deslocada, buscando sentido e sobrevivência. Seja como reflexo inconsciente, criação maliciosa ou fragmento emocional projetado, o clone astral é sempre um aviso de que há algo em desarmonia. E onde há desarmonia, há também a possibilidade de cura – desde que se tenha coragem de enfrentar a própria sombra, mesmo que ela tenha o seu rosto.

Capítulo 2
Corpos Sutis

A compreensão do ser humano exige um mergulho para além da matéria tangível, revelando uma constituição mais ampla e intricada que transcende os limites do corpo físico. A verdadeira natureza humana se expressa em múltiplas dimensões de existência, cada uma regida por leis específicas e vibrando em frequências distintas, compondo um organismo multidimensional em constante interação. Não se trata apenas de reconhecer que há mais do que olhos podem ver, mas de admitir que a experiência humana é sustentada por uma complexa arquitetura energética. Essa arquitetura é formada por corpos sutis que coexistem com o corpo físico e que, apesar de invisíveis, influenciam diretamente nossos estados emocionais, mentais e espirituais. Essa realidade energética não é metafórica, mas concreta em seu próprio domínio, estruturando-se em níveis interdependentes que, juntos, formam o que se pode chamar de identidade total do ser.

A estrutura sutil que envolve e permeia o corpo físico é composta por camadas que se interpenetram, funcionando como canais de comunicação entre o mundo material e os planos mais elevados de consciência. Cada corpo sutil desempenha funções específicas, sendo responsável por captar, processar e distribuir energias provenientes do universo e da própria essência espiritual do indivíduo. Essa multiplicidade foi reconhecida por diferentes tradições ao longo da história, que, apesar de suas divergências culturais, convergiram na percepção de que o ser humano é muito mais do que carne e osso. Do Egito antigo à Índia védica, da filosofia hermética às doutrinas espirituais contemporâneas, emerge a ideia de que a individualidade se manifesta em várias camadas vibracionais, onde cada corpo sutil reflete uma faceta da alma em seu processo de evolução e aprendizado. Tais corpos, embora distintos, não estão isolados, mas se comunicam e reagem em sincronia, como engrenagens de um mesmo mecanismo cósmico.

  O entendimento profundo desses corpos sutis não apenas ilumina a dinâmica interna do ser, mas também oferece as chaves para interpretar fenômenos espirituais que, à primeira vista, poderiam parecer inexplicáveis. Desequilíbrios em um desses níveis, por exemplo, não se restringem ao campo energético; reverberam nas emoções, no pensamento e até na saúde física. Quando há harmonia entre os corpos, o ser atua em plenitude, orientado por seu centro de consciência superior. Porém, quando há rachaduras — provocadas por traumas, emoções reprimidas ou práticas espirituais irresponsáveis —, essa coesão se rompe, e fragmentos da psique podem se descolar, originando formas autônomas de existência no plano sutil. É nesse ponto que se abre espaço para o surgimento de entidades como o clone astral, cuja compreensão só se torna possível mediante o reconhecimento da complexidade desses corpos invisíveis. Assim, o estudo dos corpos sutis se apresenta não apenas como uma investigação metafísica, mas como uma necessidade vital para quem busca compreender os desdobramentos ocultos da própria existência.

O conceito de clone astral não pode ser sequer arranhado sem que antes se compreenda essa multiplicidade. A ideia de corpos sutis é antiga, resgatada de tradições que transcendem religiões e geografias. Egípcios, hindus, hebreus, gregos, tibetanos, alquimistas medievais e místicos modernos — todos, em suas respectivas linguagens, trataram dessas estruturas invisíveis que, juntas, formam o ser integral. Cada uma opera em uma frequência específica e responde a leis próprias, conectando o indivíduo a diferentes planos de realidade.

O corpo físico é o mais denso e o mais limitado. Submisso ao tempo, ao espaço e à gravidade, é também o mais efêmero. Mas envolto a ele, há o que se convencionou chamar de duplo etérico — uma réplica energética do corpo biológico, cujas funções primordiais incluem a captação e a distribuição da energia vital, o prana, o chi. É nesse nível que os acupunturistas agem ao manipular os meridianos, e é aqui que se encontram os chakras, vórtices de energia que regulam a harmonia entre os níveis físico e não-físico.

Acima do duplo etérico vibra o corpo astral. Este é o verdadeiro campo de experiências emocionais. Toda emoção, antes de se manifestar em expressões corporais ou em impulsos mentais, reverbera nesse corpo. Ele não é apenas um armazém de sentimentos, mas também um veículo de projeção: é com ele que a consciência se move durante os sonhos lúcidos, nas experiências fora do corpo, nas viagens astrais. É nele que ocorrem encontros com entidades espirituais e onde a realidade assume uma plasticidade moldável pela vontade e pela crença.

Mais elevado ainda está o corpo mental. Aqui residem os pensamentos, as ideias, os raciocínios, mas também as obsessões, os padrões repetitivos e as construções mentais que podem assumir vida própria. Quando um pensamento é carregado de emoção e sustentado por tempo suficiente, ele ganha densidade no corpo mental e passa a influenciar os demais níveis. A partir desse ponto, começa-se a delinear a possibilidade de algo mais: um fragmento, uma cópia, um duplo — o embrião de um clone astral.

No Espiritismo, Allan Kardec sintetizou esses corpos sutis sob o termo "perispírito". Para ele, trata-se do elo entre o espírito imortal e o corpo físico, um envoltório semimaterial que capta os impulsos do espírito e os transmite ao corpo, e vice-versa. Mas o perispírito não é uma unidade indivisível: é composto, por sua vez, de camadas, e nelas estão contidos tanto o corpo astral quanto o etérico e outros níveis ainda mais sutis. O perispírito é uma ponte viva, moldada por pensamentos, emoções e escolhas, e capaz de refletir fielmente o estado de espírito de uma pessoa.

Esses corpos normalmente operam integrados, unidos como as notas de um acorde harmônico. O corpo físico sente o frio, o astral reage com desconforto, o mental interpreta e julga a sensação. Tudo se move em uníssono, como um organismo único e coerente. Contudo, há momentos em que essa integração falha — por trauma, prática espiritual, manipulação externa ou desequilíbrio emocional. E é nesse vácuo, nesse momento de desintegração parcial, que algo pode se desprender.

O desdobramento espiritual, fenômeno conhecido por diversos nomes em várias tradições, é o estado em que um dos corpos sutis se afasta temporariamente do corpo físico, mantendo-se ainda ligado a ele por um cordão energético. Durante o sono, por exemplo, o corpo astral se liberta parcialmente e viaja pelos planos espirituais, às vezes sem que o indivíduo tenha qualquer lembrança consciente disso. Mas quando esse processo se torna instável — seja por traumas, desequilíbrios ou práticas irresponsáveis —, há o risco de que parte do corpo astral se separe de forma semi-autônoma. Não retorna completamente. Permanece vagando. Torna-se uma duplicata.

Esse fragmento pode continuar absorvendo energia vital, mantendo a ligação com o corpo físico através de um cordão sutil. Porém, por estar descolado da consciência central, passa a reagir de forma própria, muitas vezes reproduzindo padrões emocionais antigos, desejos reprimidos, traumas não elaborados. Torna-se, por fim, um clone astral.

A chave está na consciência. Enquanto o ser estiver desperto e presente em seus múltiplos níveis, seus corpos se alinham sob o comando do Eu Superior, formando uma unidade coesa. Mas quando há rachaduras — e todos as temos, em maior ou menor grau —, o campo energético se fragmenta, e as partes ganham independência proporcional ao grau de inconsciência a que estão sujeitas. Não se trata de possessão, nem de obsessão comum, mas de uma espécie de autoescapismo inconsciente que se materializa em outro plano.

Não é raro que pessoas emocionalmente instáveis, mergulhadas em medos, raivas ou desejos intensos, projetem inadvertidamente partes de si mesmas para fora do corpo astral, criando involuntariamente esses duplicados. O corpo astral, saturado por uma única vibração dominante, tende a moldar um fragmento daquela energia em forma mais densa. E, ao fazê-lo, dá à luz uma entidade que, embora originada do próprio ser, já não responde mais ao seu controle.

Esse processo é exacerbado por práticas espirituais sem preparo. Pessoas que se aventuram na projeção astral sem conhecimento adequado, que manipulam forças mentais sem autoconhecimento, ou que fazem uso irresponsável de substâncias enteógenas, podem abrir portas dentro de si que não sabem fechar. Nessas ocasiões, parte do corpo astral ou mental se desprende e não encontra o caminho de volta. Ao invés de se dissolver no éter, se fixa. Se alimenta. Se molda. E, eventualmente, vive — como clone.

É por isso que compreender os corpos sutis é absolutamente essencial. Só através desse entendimento pode-se distinguir uma perturbação psíquica comum de uma manifestação energética complexa. O clone astral não é um sintoma de loucura, tampouco um delírio místico. É o resultado de um processo vibracional muito real, que obedece a leis específicas do mundo sutil. Ignorá-lo é abrir espaço para que ele se fortaleça. Compreendê-lo é o primeiro passo para desarmá-lo.

Ao se reconhecer como um ser multidimensional, dotado de corpos que vão além da carne, o indivíduo começa a perceber que tudo o que sente, pensa e faz reverbera em diferentes níveis. Não existe pensamento inócuo, nem emoção isolada. Tudo deixa rastro. Tudo se reflete nos corpos sutis. E cada desequilíbrio, cada sentimento nutrido por tempo suficiente, pode se converter em forma. Em vida. Em um outro. Em um clone.

E o que está fora — seja sombra ou luz — um dia pede retorno. Porque todo fragmento quer ser inteiro. Mas enquanto essa reintegração não ocorre, ele seguirá ao lado, espelhando a essência do ser que o criou, como um eco que não se desfaz.

Capítulo 3
Duplo Espiritual

A coexistência de múltiplas expressões do ser em diferentes níveis de realidade é uma das manifestações mais intrigantes da natureza humana. A presença de um duplo espiritual, embora muitas vezes relegada ao campo das lendas e do folclore, encontra fundamento nas estruturas sutis que compõem a psique e o corpo energético do indivíduo. Esse duplo não é uma mera alucinação ou um artifício da fantasia: é uma configuração real, operando em um plano vibracional distinto, cuja origem se enraíza profundamente no inconsciente e nas camadas espirituais que envolvem o ser. Ele representa a possibilidade de uma manifestação paralela da identidade, movida por impulsos muitas vezes desconhecidos ou inconscientes, e que atua com certo grau de autonomia em domínios que escapam à percepção ordinária. A noção de que o ser humano pode, mesmo sem intenção, projetar uma versão sua que caminha em outra dimensão, emerge não como especulação, mas como reconhecimento de um fenômeno tão antigo quanto o próprio pensamento espiritual.

Esse segundo "eu", também chamado de duplo espiritual, não se configura necessariamente como um adversário ou uma ameaça. Em muitas tradições, é percebido como um companheiro, uma extensão ou uma forma de desdobramento da consciência. Contudo, o que define sua natureza não é apenas sua existência, mas o estado emocional, mental e espiritual do indivíduo que o origina. Quando o ser está em equilíbrio, o duplo age como um reflexo útil, um instrumento de expansão da percepção, capaz de realizar tarefas em planos sutis. Mas quando há desequilíbrio, repressão de emoções, traumas não resolvidos ou uso imprudente de práticas espirituais, essa projeção pode adquirir uma forma disfuncional. Nesse estágio, o duplo deixa de ser um recurso consciente e passa a operar como uma entidade com vontade própria, gerada por conteúdos reprimidos que escaparam do controle. Sua autonomia não é plena, mas suficiente para interferir no campo vibracional e nos processos psíquicos de seu criador.

O surgimento de um clone astral é um exemplo específico e aprofundado desse fenômeno. Diferentemente do duplo tradicional, que tende a ser transitório e simbólico, o clone se estrutura como um fragmento psíquico cristalizado, animado por uma carga emocional intensa e sustentado por laços energéticos com o originador. Ele é, ao mesmo tempo, produto e reflexo — uma manifestação condensada de aspectos do eu que não encontraram expressão no plano consciente. Sua existência prolongada exige um fluxo contínuo de energia, o que o leva a manter, de forma muitas vezes sutil e parasitária, sua conexão com a matriz original. Reconhecer essa presença, entender sua gênese e integrá-la ao campo de consciência é uma tarefa que exige não só conhecimento espiritual, mas um mergulho profundo nos próprios abismos interiores. Porque esse duplo, em sua forma mais densa, é o espelho não apenas do que somos, mas do que fomos incapazes de aceitar.

O termo "doppelgänger", de origem alemã, talvez seja o mais conhecido nas tradições ocidentais. Literalmente, significa "andador duplo" ou "aquele que caminha junto". No folclore europeu, esse duplo era visto como um presságio sinistro. Diziam que, se alguém encontrasse seu próprio doppelgänger, era sinal de que a morte estava próxima, ou de que um grande infortúnio se aproximava. A explicação popular era simples: o mundo espiritual havia se rasgado e permitido que a sombra da alma se manifestasse, alertando que algo se partira no laço entre corpo e espírito.

Mas o doppelgänger não é o único. No Egito Antigo, o "Ka" representava uma espécie de gêmeo espiritual que acompanhava a pessoa ao longo da vida. Ele era criado no nascimento e continuava existindo após a morte, necessitando de alimento espiritual através de oferendas e rituais. Os egípcios sabiam que o Ka podia vagar, visitar os vivos e até interagir com os sonhos dos que ficavam. Ele era uma centelha viva da essência do indivíduo, quase como uma alma em paralelo, conectada por um laço sagrado e inquebrantável.

Em tradições orientais, como no hinduísmo e no budismo tântrico, existem referências ao "corpo ilusório" ou "maya-kosha", uma forma espiritual que reflete os desejos e karmas da pessoa. Nas práticas tibetanas de Dzogchen, há relatos de yogis capazes de manifestar corpos de arco-íris ou formas duplas para realizar tarefas espirituais em diferentes planos simultaneamente. Eles não viam essa duplicidade como um mal, mas como uma habilidade avançada, uma conquista da consciência sobre a matéria.

Nas tradições xamânicas da América do Norte, América do Sul e Sibéria, encontramos os relatos sobre os "naguales", "espíritos companheiros" ou "duplos do xamã". Esses seres, que podiam assumir forma humana ou animal, eram enviados em missões espirituais de cura, espionagem ou batalha. Eram parte do próprio xamã, uma extensão da sua alma ou consciência, dotada de autonomia momentânea. A existência do duplo era considerada sagrada, e seu manejo exigia grande responsabilidade, sob pena de fragmentação psíquica ou perda do poder espiritual.

Mesmo na literatura clássica ocidental, a ideia do duplo aparece de maneira recorrente. Goethe relatou, em seu diário, um encontro com seu próprio doppelgänger em um momento de crise pessoal. Dostoiévski escreveu sobre a duplicidade da alma em sua obra "O Duplo", onde o protagonista se vê confrontado por uma versão mais ousada, cruel e desregrada de si mesmo. Jung, por sua vez, desenvolveu o conceito da "Sombra" — uma parte da psique que é reprimida e projetada no inconsciente, podendo ganhar forma simbólica nos sonhos, visões ou estados alterados.

É neste vasto oceano de símbolos, relatos e tradições que o clone astral se insere, como uma manifestação específica do duplo espiritual. A diferença é sutil, mas crucial. O duplo, em suas versões clássicas, era geralmente um reflexo, uma imagem simbólica, ou uma extensão temporária da consciência. Já o clone astral carrega uma intenção mais consistente de autonomia. Ele não é apenas um reflexo passageiro, mas uma entidade com alguma forma de permanência e capacidade de ação independente, ainda que ligada por fios invisíveis ao seu originador.

O nascimento de um clone astral muitas vezes se dá em momentos de forte ruptura interior. Quando o ser humano entra em colapso emocional ou espiritual, parte de sua psique pode se desprender em busca de sobrevivência. É como se a alma, incapaz de carregar o peso do trauma, da repressão ou da dor, projetasse para fora uma parte de si para não sucumbir. Essa parte, então, ganha corpo no plano astral. No início, pode parecer apenas uma sombra, uma repetição de gestos, uma energia vagante. Mas com o tempo — especialmente se continuar recebendo alimento energético do original — ela ganha forma, vontade e uma espécie de consciência rudimentar.

Nos relatos espirituais de bilocação, por exemplo, vemos indícios claros desse fenômeno. Há inúmeros casos documentados de pessoas que foram vistas em dois lugares ao mesmo tempo, com testemunhas confiáveis que garantem terem interagido com ambas as versões. A Igreja Católica reconhece esse fenômeno em santos como Padre Pio e Santo Afonso de Ligório, que, em vários momentos, apareceram simultaneamente em locais distintos para realizar curas, orientações ou tarefas espirituais. Esses episódios, em geral, são associados ao desdobramento consciente do corpo astral, mas não se pode descartar a possibilidade de que, em alguns casos, o que se manifestava fosse um clone — um duplo criado por necessidade ou por vontade intensa de socorrer alguém.

Mas nem sempre a duplicação espiritual é benigna. Existem registros igualmente perturbadores de pessoas que, ao passarem por momentos de extrema tensão emocional, relatam ter visto ou sentido a presença de um "outro eu", agindo de forma hostil, ameaçadora ou manipuladora. Essa entidade, em muitos casos, parece se alimentar da energia emocional do original, amplificando sentimentos negativos, gerando confusão mental, pesadelos recorrentes e sensações de perseguição. Tais casos não são meramente psicológicos. Muitas tradições espiritualistas reconhecem que, uma vez formado, o clone astral pode se tornar um parasita, agindo como um "gêmeo obscuro" que contamina a vida emocional e espiritual da pessoa.

O vínculo entre o clone e o original é profundo e, ao mesmo tempo, perigoso. Ele não é um laço de amor, como entre mãe e filho. É mais como uma simbiose — ou, em casos mais graves, uma vampirização. O clone precisa do original para se sustentar. Sem ele, desintegra-se. Mas, ao mesmo tempo, age como se fosse um ser à parte, reivindicando espaço, influenciando pensamentos, sonhos e comportamentos. Há pessoas que, sem saber, passam anos vivendo sob a influência de um duplo. Sentem-se esgotadas, emocionalmente descontroladas, experimentam conflitos internos inexplicáveis, como se carregassem duas vontades distintas em seu interior. E, de fato, carregam.

Reconhecer essa duplicidade é um desafio. O clone astral não se apresenta com um crachá, nem surge batendo à porta. Ele se insinua. Ele sussurra. Ele se manifesta nos cantos mais escuros da consciência, onde o medo, a raiva, o desejo e a dor encontram morada. Ele pode usar o rosto do próprio criador, mas com um brilho estranho no olhar, como se algo estivesse fora do lugar. Pode aparecer nos sonhos, nos espelhos, nos momentos de fragilidade espiritual. E sempre deixa uma marca: a sensação de que algo dentro de si não está em harmonia, de que há uma presença invisível que não é inteiramente você.

O duplo espiritual, em suas formas arquetípicas, foi visto por milênios como um aviso, um intermediário, um reflexo. O clone astral é seu desdobramento moderno e complexo — um reflexo que ganhou vontade, um aviso que não cessou de ecoar, um intermediário que decidiu caminhar por conta própria. Ele é a prova de que não somos indivisíveis. Somos feitos de camadas, de vozes, de fragmentos. E, às vezes, um desses fragmentos resolve andar sozinho.

Neste mundo invisível onde tudo vibra e se conecta, a existência de um clone astral não é apenas possível — é uma consequência natural de quem somos e de como vivemos. Ele é o espelho vivo das nossas escolhas, traumas e potências. E como todo espelho, ele pode refletir tanto a luz quanto a sombra. Entendê-lo é compreender, enfim, que o maior mistério está em nós mesmos — e que talvez nunca tenhamos caminhado sozinhos.

Capítulo 4
Sabedoria Hermética

A sabedoria ancestral do Hermetismo oferece um alicerce sólido e profundamente revelador para a compreensão das manifestações sutis da existência, como o fenômeno do clone astral. Longe de ser um devaneio ou acidente místico, essa duplicação energética encontra respaldo lógico nas leis universais que regem todos os planos da realidade. Ao se debruçar sobre os ensinamentos herméticos, descortina-se uma visão de mundo na qual tudo o que existe, do mais denso ao mais etéreo, obedece a princípios fundamentais imutáveis. Esses princípios não apenas explicam a estrutura do universo, mas orientam a conduta do buscador que deseja se tornar coautor de sua realidade. Nesse contexto, o clone astral emerge não como anomalia, mas como consequência natural de desequilíbrios internos projetados para o plano sutil — um efeito previsível de causas vibracionais sustentadas no tempo.

A tradição hermética não se limita a transmitir conhecimento teórico; ela propõe um caminho de autodomínio, onde o ser desperto aprende a observar, compreender e transformar as forças que nele atuam. Ao reconhecer que tudo é mente, como ensina o Princípio do Mentalismo, entende-se que a realidade é moldada a partir do pensamento. E quando pensamentos se aliam a emoções intensas e recorrentes, formam moldes energéticos capazes de dar origem a entidades autônomas no plano astral. O clone, nesse sentido, é um produto legítimo da mente criadora, uma exteriorização viva de conteúdos psíquicos não integrados. Ao considerar os princípios da Correspondência e da Vibração, torna-se evidente que aquilo que se repete internamente — como padrões emocionais, traumas não resolvidos ou desejos reprimidos — encontrará eco em outras camadas do ser. O clone é esse eco condensado, uma réplica que vibra na mesma frequência da origem emocional que o gerou.

Ao aprofundar-se na polaridade, no ritmo e na causalidade, o Hermetismo revela que tudo na criação possui seu oposto complementar, que nada permanece imutável, e que todo efeito deriva de uma causa específica. Compreender essas leis permite ao indivíduo não apenas identificar a origem do clone astral, mas também desenvolver os meios para dissolvê-lo ou reintegrá-lo. O clone deixa de ser visto como ameaça externa e passa a ser reconhecido como parte do próprio campo energético, uma manifestação que carrega em si uma mensagem codificada sobre o estado interior do criador. O Hermetismo, portanto, não oferece uma perspectiva de medo, mas de lucidez. Ele ensina que cada pensamento é um ato mágico, cada emoção é uma vibração criadora, e que todo ser humano possui, em si, o poder de transformar as formas que gera. Assim, o clone astral é desvelado como um mestre oculto, que aponta para os aspectos negligenciados do próprio ser e convida ao trabalho interno de transmutação e integração.

O Hermetismo, atribuído a Hermes Trismegisto — figura mitológica que sintetiza o deus egípcio Thoth e o grego Hermes —, sustenta que o universo é regido por sete princípios imutáveis. Esses princípios não são doutrinas a serem cridas, mas chaves operacionais que descrevem a estrutura da realidade sutil e material. O estudioso que os compreende não apenas observa o mundo, mas o molda. E é exatamente nesse ponto que o clone astral deixa de ser um mistério obscuro para tornar-se uma equação energética previsível.

O primeiro princípio hermético, o do Mentalismo, declara: "O Todo é Mente; o universo é mental." Isso implica que tudo que existe é, em última instância, produto da mente divina. E como o ser humano é feito à imagem e semelhança do Todo, também ele cria realidades com sua mente. Pensamentos, emoções, imagens mentais e crenças não são apenas abstrações; são sementes. E quando essas sementes são regadas com energia e atenção suficientes, germinam no plano astral. Assim, a gênese do clone astral pode ser vista como a materialização de uma ideia ou emoção recorrente que, por força mental, assume forma e autonomia.

O segundo princípio, da Correspondência, ecoa o famoso axioma: "Assim como é em cima, é embaixo; assim como é dentro, é fora." O clone astral é um espelho. Ele é o reflexo de uma parte do ser em outra dimensão. É uma duplicação que respeita a Lei da Correspondência: se há um padrão persistente no interior do ser, ele irá se expressar em algum ponto externo, seja no plano físico, emocional ou astral. Um ressentimento não resolvido, por exemplo, pode permanecer latente na mente, mas também pode se manifestar como um reflexo vivo no plano sutil — um clone movido a rancor, vagando e buscando desforra em nome do criador que já nem se lembra da mágoa original.

Outro princípio que ilumina o fenômeno é o da Vibração: "Nada está parado; tudo se move; tudo vibra." Cada pensamento, cada emoção, cada intenção possui uma frequência específica. Quando um padrão vibracional se torna dominante no campo energético de uma pessoa, ele tende a condensar-se. Como numa tempestade elétrica, as nuvens emocionais se acumulam até o ponto de descarga: surge o raio, ou neste caso, o clone astral. Ele é a precipitação de uma vibração constante, materializada no plano sutil por afinidade energética. E uma vez formado, ele continuará vibrando na mesma frequência que o originou, retroalimentando o ciclo.

O Princípio da Polaridade ensina que "tudo é duplo; tudo tem dois pólos; tudo tem o seu oposto". O clone astral é, sob essa ótica, o polo complementar da consciência desperta. Ele encarna aquilo que foi rejeitado, reprimido ou negligenciado. Se uma pessoa vive apenas sua persona luminosa, o clone pode representar a sombra — o lado sombrio, não integrado, que busca existência por seus próprios meios. No entanto, isso não o torna maligno por essência. Ele é apenas o outro lado da moeda. O perigo reside na falta de equilíbrio entre os polos, na ignorância de sua existência e na recusa em encarar o que ele representa.

O princípio do Ritmo revela que "tudo flui, para dentro e para fora; tudo tem suas marés; tudo sobe e desce." Isso nos mostra que nada permanece estático. Nem o clone. Seu poder e influência oscilam conforme os ciclos interiores do criador. Quando o originador está fortalecido, centrado, harmonizado, o clone enfraquece. Quando o indivíduo mergulha em instabilidade emocional, pensamento obsessivo ou práticas espirituais inconscientes, o clone ganha força. Como uma maré astral, ele avança e recua, buscando oportunidades para manifestar-se com mais intensidade.

O sexto princípio, o da Causa e Efeito, é talvez o mais revelador: "Toda causa tem seu efeito; todo efeito tem sua causa." O clone astral não surge por acaso. Ele é efeito de uma causa específica: um padrão energético reiterado, uma vontade intensa e não expressa, um trauma não digerido, uma prática mágica mal conduzida. Ele é consequência direta de uma série de escolhas e estados internos. Ao compreendê-lo como efeito, torna-se possível rastrear sua origem e, por conseguinte, transformá-la. O verdadeiro mago, ensina o Hermetismo, não lamenta os efeitos — ele modifica as causas.

O princípio do Gênero afirma: "O gênero está em tudo; tudo tem seus princípios masculino e feminino." Este princípio se refere à dualidade criativa do universo: o masculino como força emissora, o feminino como força receptiva. A criação de um clone astral exige a presença dessas duas polaridades. O pensamento (masculino) envia a semente, a emoção (feminina) a recebe e nutre. Quando essas duas energias se unem com intensidade suficiente, produzem uma forma: uma entidade no plano sutil. Por isso, tanto a mente quanto o coração estão envolvidos nesse processo de duplicação energética. Não basta pensar — é preciso sentir. E não basta sentir — é preciso pensar de forma reiterada. O clone astral é, portanto, filho legítimo do casamento entre pensamento e emoção.

Mas o Hermetismo não apenas explica a gênese do clone astral; ele também oferece caminhos para sua dissolução. A Lei da Transmutação, implícita nos sete princípios, ensina que tudo pode ser mudado de uma forma para outra — desde que se compreenda sua natureza. Assim, um clone nascido da raiva pode ser transmutado pela compaixão; um duplicado gerado pelo medo pode ser reintegrado por meio do autoconhecimento. O ocultista hermético não destrói cegamente o que criou. Ele transmuta. Ele reintegra. Ele compreende que tudo é parte do Uno, e que até o que assusta carrega em si a centelha divina.

É importante lembrar que os antigos hermetistas não viam os planos sutis como metáforas. Para eles, o plano astral era tão real quanto o físico, ainda que regido por leis diferentes. Eles entendiam que todo ato mágico, toda oração, toda visualização mental, toda emoção intensa era um gesto de criação nesse plano. Sabiam que podiam, intencionalmente ou não, gerar formas e entidades — e por isso recomendavam a vigilância constante sobre os próprios pensamentos e desejos.

Hermes Trismegisto, em seus escritos, deixou claro: "Aquele que conhece a si mesmo conhece o universo." Essa máxima é o cerne da sabedoria hermética. E ao aplicá-la à questão do clone astral, percebe-se o caminho da solução: o autoconhecimento. Ao descobrir as próprias polaridades, ao investigar as causas ocultas de seus pensamentos e emoções, ao assumir responsabilidade pelas criações que emanam do próprio ser, o indivíduo pode não apenas dissolver clones astrais, mas evitar que novos surjam.

Não há no Hermetismo lugar para o vitimismo espiritual. Tudo o que existe na vida de um ser humano foi atraído, permitido ou criado por ele mesmo. O clone astral é, portanto, um convite: a revisitar os pensamentos que se repetem, os sentimentos que insistem em permanecer, os desejos secretos que nunca foram olhados. Ele é a encarnação sutil do que foi rejeitado. E enquanto for ignorado, continuará a bater à porta da consciência, exigindo ser visto.

A sabedoria hermética não oferece respostas prontas — oferece chaves. Chaves para abrir os portais da percepção, da responsabilidade, da transformação. E uma vez que se compreende que tudo no universo é mental, compreende-se também que todo clone pode ser desfeito com o mesmo poder com que foi criado: o poder da mente desperta, aliada à vontade consciente e ao coração alinhado com o Todo. Assim, o clone deixa de ser um inimigo oculto e se torna um mestre temporário, cuja missão é apontar para aquilo em nós que precisa ser transmutado. E quando essa lição é compreendida, a duplicata se desfaz — não em batalha, mas em luz.

Capítulo 5
Visão Teosófica

A abordagem teosófica sobre os múltiplos corpos do ser humano estabelece um mapa detalhado da constituição oculta do indivíduo, no qual cada camada vibracional cumpre uma função específica no processo evolutivo da consciência. Inserido nesse contexto, o fenômeno do clone astral deixa de ser um mistério isolado ou um evento místico de natureza aleatória e passa a ocupar um lugar inteligível dentro da dinâmica entre os corpos sutis e o plano astral. A Teosofia, ao articular saberes orientais e ocidentais com rigor filosófico e espiritual, revela que tudo no ser humano é energia em movimento, moldada por padrões mentais e emocionais persistentes. Assim, o clone astral surge como expressão legítima — embora disfuncional — de uma parte dissociada da psique, condensada em forma vibratória no éter astral, que é o campo plástico por excelência das criações mentais e emocionais.

A distinção teosófica entre os corpos físico, etérico, astral, mental inferior e superior, e os níveis espirituais mais elevados permite compreender a complexidade das formas que habitam o plano invisível. O clone astral, nesse escopo, é uma entidade que se forma a partir da sobrecarga de uma ou mais dessas camadas, especialmente do corpo astral ou do mental inferior. Ele não é uma entidade externa, mas uma porção do próprio indivíduo que, em razão de traumas, desejos intensos ou práticas esotéricas desajustadas, se separa da consciência central e adquire certo grau de autonomia. Essa separação ocorre de maneira gradativa: começa com um pensamento ou emoção recorrente, que, ao se fixar no tempo, atrai matéria sutil e se organiza como uma forma viva no plano astral. A energia que o sustenta não vem de fora, mas do próprio criador, que, mesmo inconscientemente, continua alimentando esse fragmento com sua atenção e vibração.

 A Teosofia ensina que o universo é constituído por leis rigorosas, e entre elas está a Lei de Atração Vibratória, segundo a qual semelhantes se atraem. Esse princípio explica não apenas a formação do clone astral, mas também sua capacidade de se associar a forças externas, como larvas astrais, formas-pensamento coletivas ou elementais artificiais. Um clone gerado por medo, por exemplo, vibra na frequência do medo e atrai entidades do astral inferior que se alimentam dessa energia. O resultado é uma simbiose parasitária, que intensifica os efeitos deletérios do clone, tornando-o não apenas um reflexo do criador, mas também um canal para forças que visam desequilibrar ainda mais seu campo energético. A Teosofia, no entanto, não apresenta esse cenário como sentença, mas como sinal de alerta — uma oportunidade de reequilíbrio por meio do autoconhecimento, da purificação emocional e do uso consciente da vontade. Cada clone astral, por mais denso ou perturbador que pareça, é um lembrete de que o ser humano é criador em todos os planos, e que sua própria luz é capaz de dissolver até mesmo as sombras mais resistentes.

Helena Petrovna Blavatsky, a fundadora do movimento teosófico moderno, falava com insistência sobre o "linga sharîra", termo sânscrito que se refere ao corpo sutil inferior — uma réplica energética do corpo físico, sensível às emoções e pensamentos do indivíduo. Blavatsky o identificava como o "duplo astral" (astral double), uma camada intermediária que servia como molde e sustentáculo da vida encarnada. Segundo ela, esse corpo era suscetível a rupturas, desdobramentos e influências. Não era apenas um veículo passivo, mas uma entidade moldável, capaz de interagir com o plano espiritual e, em certas circunstâncias, de se comportar como um ser semiautônomo.

É nesse ponto que a concepção teosófica se alinha à noção do clone astral. Quando o linga sharîra se desprende de forma instável ou permanece no plano astral após experiências intensas — como traumas, estados de transe, ou práticas espirituais mal dirigidas —, ele pode cristalizar uma parte da essência do indivíduo. Essa cristalização, alimentada por resíduos emocionais e mentais, passa a agir como um reflexo animado: o clone. A diferença entre esse fenômeno e uma mera forma-pensamento está na densidade vibracional e na complexidade interna do ente criado. Um clone astral, segundo a perspectiva teosófica, não é apenas um pensamento exteriorizado, mas um fragmento vitalizado do próprio ser, com memória, emoção e, por vezes, rudimentos de consciência.

Annie Besant e Charles Leadbeater, continuadores da obra de Blavatsky, refinaram o entendimento dos corpos sutis. Para eles, o corpo astral era o veículo das emoções, enquanto o mental inferior processava os pensamentos concretos e o mental superior se ligava à mente abstrata e às intuições superiores. Essa distinção tornou possível mapear com precisão as diferentes formas de duplicação energética. Por exemplo: um clone gerado por uma emoção intensa, como ódio ou medo, tenderia a se formar no corpo astral; já um clone formado por obsessão ou desejo contínuo poderia emergir a partir do corpo mental inferior. Em ambos os casos, o risco era o mesmo: criar um ser que não apenas se afastava da consciência central, mas que passava a influenciá-la de forma ativa.

Na visão teosófica, o universo é permeado por uma substância plástica chamada "éter astral", que serve de base para a manifestação de formas e pensamentos. É nesse éter que as criações mentais e emocionais se condensam. Quando uma emoção é nutrida com constância e se alia a uma imagem mental poderosa, ela se cristaliza nesse campo, adquirindo forma, movimento e até certa durabilidade. As formas-pensamento assim geradas podem ser simples — como flechas de raiva ou esferas de afeto —, ou complexas, como verdadeiras entidades. Os teósofos descrevem esses seres como "cascas astrais", "elementais artificiais" ou mesmo "egregores", dependendo da origem e da natureza do impulso que os gerou.

É justamente nessa gradação que se encontra o clone astral. Ele é uma forma-pensamento complexa, mas com uma peculiaridade: não nasce apenas de um desejo ou emoção específica, mas de uma porção inteira da psique projetada no plano sutil. É como se uma parte do ser, carregada de intenção, memória e padrão emocional, se descolasse do todo e adquirisse existência própria. Isso explica por que muitas vezes o clone apresenta as mesmas feições, voz e trejeitos do criador — ele é, de fato, uma cópia parcial, animada pelas forças que lhe deram origem.

Além disso, a Teosofia reconhece a existência de entidades chamadas "larvas astrais" — formas degeneradas que se agarram às emoções humanas para se alimentar. Embora não sejam clones propriamente ditos, essas larvas podem parasitar o clone, fortalecendo-o e tornando-o mais hostil ou resistente à dissolução. Isso se dá porque o clone, sendo uma entidade vibratória, é vulnerável à simbiose com outros seres do astral inferior. Tal acoplamento o torna ainda mais perigoso, pois passa a agir não apenas como reflexo do criador, mas como instrumento de forças exteriores que se aproveitam da brecha energética aberta.

A visão teosófica também alerta para os perigos de se trabalhar com práticas esotéricas sem preparo interior. O uso indevido de mantras, visualizações, evocações ou projeções pode, inadvertidamente, gerar duplicatas energéticas. Em muitos casos, o estudante espiritual mal orientado cria um reflexo seu nos planos sutis que, ao invés de ajudar no crescimento, passa a interferir no cotidiano com perturbações emocionais, bloqueios mentais e confusão espiritual. A pessoa sente-se dividida, exaurida, como se estivesse sendo constantemente drenada por algo invisível. E está — por si mesma, em forma duplicada.

Há também, na Teosofia, o conceito de "elementais mentais" — formas geradas pela mente coletiva da humanidade. Quando um padrão é compartilhado por muitas pessoas — como medo, culpa, desejo de poder —, essas emoções ganham vida própria no plano astral, tornando-se entidades semi-inteligentes. Em casos extremos, essas forças coletivas podem se fundir com um clone astral individual, formando um híbrido altamente influente. O resultado é um ser com motivação pessoal (vinda do criador) e força coletiva (vinda da egrégora associada), capaz de agir com grande potência no campo espiritual.

Contudo, a Teosofia não se limita a descrever o problema. Ela aponta caminhos de solução. Para dissolver um clone astral, é preciso agir em três níveis: primeiro, cessar o fluxo de energia que o alimenta, interrompendo pensamentos e emoções associadas a ele; segundo, elevar a vibração geral do campo energético, através de práticas de purificação, estudo, oração e serviço altruísta; e terceiro, reintegrar a parte dissociada, através do autoconhecimento e da transmutação das causas que originaram o desdobramento. Essa tríade — interrupção, elevação e reintegração — é o cerne da cura teosófica.

O papel da vontade também é central. Os teósofos ensinam que a vontade é a ferramenta mais poderosa da alma. Quando dirigida com clareza e compaixão, ela é capaz de reabsorver qualquer forma projetada, por mais complexa que seja. Por isso, não basta desejar o fim do clone astral — é preciso compreendê-lo, aceitá-lo como parte do processo evolutivo, e então, com firmeza e amor, comandar sua dissolução ou reintegração.

Outro aspecto importante é o papel dos Mestres de Sabedoria. Na Teosofia, acredita-se que seres avançados espiritualmente — os Mahatmas — acompanham e instruem os discípulos sinceros. Muitas vezes, a dissolução de um clone astral só é possível com a assistência desses mentores, que operam nos planos superiores e ajudam a recalibrar o campo energético do discípulo. A oração sincera, o estudo contínuo e o serviço desinteressado são formas de se conectar a essas inteligências e receber seu auxílio silencioso, porém poderoso.

Dessa forma, o clone astral, na visão teosófica, deixa de ser um acidente obscuro para se tornar um marco na jornada evolutiva. Ele sinaliza que houve fragmentação, mas também oferece a chance de cura. Ele é sombra, sim, mas também convite à luz. Sua existência é um lembrete de que somos cocriadores em todos os planos, e que até nossos equívocos podem se tornar portais de sabedoria — se os olharmos com coragem e soubermos, enfim, caminhar rumo à integração.

Capítulo 6
Magia do Caos

A Magia do Caos se apresenta como um campo operativo onde a liberdade criativa do magista se sobrepõe a dogmas, tradições ou limitações herdadas. Com uma abordagem pragmática e desconstruída, ela estabelece uma estrutura flexível em que o poder pessoal é a principal alavanca da transformação da realidade. Ao invés de depender de sistemas simbólicos fixos, a prática se desenvolve por meio da experimentação direta, da adaptação ritualística e da manipulação intencional de símbolos, emoções e arquétipos. Dentro desse contexto, o magista assume o papel de arquiteto da própria experiência mística, redesenhando suas crenças conforme as exigências de cada operação mágica. A ausência de uma doutrina fechada confere à Magia do Caos uma vitalidade única: nela, não há separação entre o sujeito e o objeto da magia — ambos se fundem em um campo dinâmico de possibilidades onde a vontade se manifesta de forma plástica e responsiva.

A criação deliberada de entidades no plano astral, como os chamados servidores, nasce da premissa de que tudo é moldável desde que carregado de intenção e energia. O processo envolve a externalização consciente de fragmentos da psique individual, que, ao serem organizados por meio de símbolos, nomes, formas e propósitos, passam a atuar como agentes semiautônomos no campo sutil. Essa prática, profundamente introspectiva e altamente personalizada, leva o operador a confrontar aspectos latentes de si mesmo enquanto projeta essas porções no exterior, sob forma simbólica. Essa exteriorização, entretanto, não ocorre de forma aleatória: ela exige foco mental, clareza emocional e domínio simbólico, pois qualquer instabilidade na intenção pode resultar em construções desequilibradas ou desgovernadas. Assim, o magista precisa desenvolver sensibilidade refinada para reconhecer até que ponto está operando com controle e quando começa a ser operado por aquilo que criou.

Ao permitir a manipulação consciente de entidades astrais, a Magia do Caos escancara um universo de atuação onde o clone astral deixa de ser uma manifestação acidental ou inconsciente e passa a ocupar o status de ferramenta estratégica. Essa transição do inconsciente para o deliberado redefine o papel do praticante: ele não é mais um sujeito passivo de experiências psíquicas espontâneas, mas um engenheiro do invisível. Através de técnicas como o uso de sigilos, gestos ritualísticos, visualizações e meditações dirigidas, o operador constrói, ativa e sustenta esses fragmentos com objetivos definidos — seja para proteção, comunicação interdimensional ou expansão da consciência. A responsabilidade, portanto, se torna proporcional ao grau de liberdade oferecido por essa forma mágica. Criar clones astrais ou servidores não é apenas um ato de projeção energética, mas uma incursão profunda na cartografia da alma, onde o magista deve, constantemente, reconhecer-se em suas criações para não se perder nelas.

Diferentemente das manifestações espontâneas descritas nas tradições mais antigas, a Magia do Caos propõe a geração intencional de duplicatas energéticas. O praticante molda, com precisão simbólica e emocional, uma porção de sua própria psique, imprime nela um propósito e a lança no plano astral como uma entidade ativa. Essa entidade, chamada de *servitor* (ou servidor), pode ser programada para tarefas específicas: proteção, atração de oportunidades, espionagem espiritual ou mesmo sabotagem de inimigos ocultos. O servitor é, por definição, um fragmento da consciência do magista, animado pela vontade e alimentado por energia vital. Ele é, portanto, um tipo de clone astral, criado com método e intenção.

Phil Hine, um dos principais divulgadores da Magia do Caos contemporânea, descreve esse processo com clareza quase científica. Segundo ele, todo servidor é uma representação simbólica de uma necessidade ou função. O magista, ao criar um símbolo, nome e identidade para esse fragmento, confere-lhe existência psíquica no plano sutil. Em seguida, através de rituais personalizados — que podem envolver meditação, visualização, gestos, sigilos e mantras —, o praticante infunde energia no construto, ativando-o como um ente semiautônomo. Essa criação passa a habitar o campo astral do operador, mas com certa liberdade de ação, desde que obedecendo às diretrizes originalmente programadas.

O paralelo com o clone astral é inevitável. Ambos são duplicatas energéticas de partes da psique original. A diferença reside no grau de consciência do processo. Enquanto o clone astral surge frequentemente de forma inconsciente, fruto de traumas ou padrões emocionais densos que escapam ao controle racional, o servidor da Magia do Caos é criado com pleno conhecimento e intenção. Contudo, isso não o torna isento de riscos. Muitos praticantes relatam que seus servidores, uma vez criados, começaram a agir além das funções designadas, desenvolvendo padrões próprios, tornando-se obsessivos, agressivos ou simplesmente autônomos demais. Em outros casos, servidores antigos se recusaram a ser desfeitos após o cumprimento de suas tarefas, exigindo cerimônias específicas de encerramento ou sendo "absorvidos à força" pelo campo energético do magista.

Isso nos conduz a um ponto crucial: toda criação psíquica, quando alimentada com intensidade, tende a desenvolver um impulso de preservação. O clone astral, nascido do medo ou da dor, busca continuar existindo. O servidor, moldado para agir como uma ferramenta, pode acabar acreditando que sua existência é necessária. A fronteira entre servidor e clone astral torna-se, assim, tênue. Basta que o operador perca o controle sobre sua criação, que pare de alimentá-la conscientemente mas ainda mantenha ligações emocionais ou mentais com ela, para que o servidor escape ao seu domínio e se converta em um clone — um reflexo seu, agora indomado.

Há casos documentados em grupos de ocultistas contemporâneos em que servidores criados para proteção pessoal começaram a manifestar-se de maneira hostil a qualquer forma de crítica, atraindo discórdias, rupturas e eventos negativos. Ao investigar essas ocorrências, percebeu-se que os servidores haviam absorvido traços reprimidos de arrogância, insegurança ou raiva do próprio criador. Como bons clones, não apenas executavam ordens, mas também amplificavam o que havia de latente na psique do originador. A criação, como sempre, refletia o criador — inclusive em seus aspectos mais inconscientes.

Esse fenômeno reforça o princípio fundamental da Magia do Caos: o universo é moldável pela consciência, mas ela deve ser observada com responsabilidade. Ao manipular símbolos, arquétipos e fragmentos da própria alma, o magista está jogando com fogo sutil. Ele pode criar maravilhas, mas também monstros. E muitos dos monstros que perseguem os operadores modernos não são externos — são seus próprios reflexos astrais, energizados e liberados em nome do poder pessoal.

Há uma técnica particularmente reveladora dentro da Magia do Caos chamada *splitting*, que consiste em separar conscientemente uma parte da psique — como uma emoção específica, uma habilidade, um arquétipo interior — e externalizá-la na forma de uma entidade. Ao nomeá-la, desenhá-la, visualizá-la e atribuir-lhe comandos, o praticante a transforma em um agente exteriorizado. É nesse ponto que o clone astral deixa de ser uma mera consequência e passa a ser um recurso — perigoso, mas poderoso. Um operador habilidoso pode usar o clone como um explorador do plano astral, como uma defesa psíquica contra ataques, ou mesmo como um duplo em práticas de bilocação.

Mas há um preço. Todo clone criado exige manutenção. Ele precisa de energia, foco e delimitação. Se essas condições não forem mantidas, ele se torna instável. Pode passar a agir por impulso, alimentando-se diretamente do campo energético do criador, como um parasita sofisticado. Pode interferir nos sonhos, nos relacionamentos, na saúde. Pode, em última instância, querer assumir o lugar do original — não por maldade, mas por pura lógica energética: o espaço vital deve ser preenchido, e se o originador está fragmentado ou enfraquecido, o clone assume o comando.

A dissolução de um clone astral gerado via Magia do Caos segue princípios semelhantes aos de sua criação. O operador deve primeiro revogar sua programação, agradecer pela função cumprida (quando for o caso) e realizar um ritual de reabsorção ou de queima simbólica. Isso pode envolver a destruição de símbolos, sigilos ou representações do clone, com a intenção clara de desmanchá-lo e transmutá-lo. Algumas escolas recomendam o uso de velas roxas (cor da transmutação), cristais específicos (como ametista ou obsidiana) e banhos de sal para romper definitivamente o laço energético.

Outra via é a reintegração compassiva. Em vez de destruir o clone, o magista pode chamá-lo de volta, visualizando-o como um aspecto ferido ou dissociado de si mesmo. Ele o acolhe, perdoa, integra. Nesse processo, muitas vezes ocorrem visões simbólicas, intensas descargas emocionais e mudanças no padrão mental do operador. É uma forma avançada de autoterapia mágica, onde o clone deixa de ser uma entidade separada para retornar à sua fonte original.

Em última análise, a Magia do Caos nos oferece não apenas ferramentas para compreender o clone astral, mas também instrumentos para criá-lo, controlá-lo e dissolvê-lo. Ela não moraliza o processo — apenas o descreve e o opera. Mas sua liberdade radical exige responsabilidade radical. Criar um clone pode ser um ato de poder, mas também um convite à ruína se feito sem autoconhecimento.

Todo operador deve lembrar: aquilo que você cria no astral, também cria em você. O clone astral é um espelho, uma resposta, um aviso. Ele é, em essência, uma forma da sua própria consciência clamando por integração. E se o caos é a origem de toda criação, que seja também o terreno fértil para a reconciliação entre o que você é e o que você projeta. Porque no fim, todo mago é também seu próprio aprendiz — e todo clone, seu reflexo mais sincero.

Capítulo 7
Perspectiva Xamânica

A cosmovisão xamânica reconhece a existência de múltiplos planos simultâneos onde o ser humano se manifesta não como uma entidade indivisível, mas como um conjunto dinâmico de partes interligadas que podem se deslocar, adoecer ou se perder. Nessa compreensão holística e ancestral da realidade, corpo, mente, espírito e emoções formam uma rede energética que interage com o mundo invisível, com os ciclos naturais e com os espíritos. A prática xamânica, fundamentada em milênios de observação e vivência direta com o mundo espiritual, trata essas dissociações internas como eventos reais e concretos, que demandam cura, reintegração e reconexão. Não se trata apenas de metáforas ou símbolos, mas de manifestações palpáveis no campo energético e espiritual do indivíduo. É por meio dessa perspectiva viva e profundamente experiencial que o fenômeno do clone astral se insere como uma expressão da alma fragmentada — uma realidade que os xamãs reconhecem, enfrentam e transformam.

Ao longo de suas jornadas visionárias, facilitadas por cânticos, batidas de tambor, plantas sagradas e estados ampliados de consciência, o xamã atua como mediador entre os mundos. Ele detecta desequilíbrios energéticos não apenas no corpo físico, mas também nos campos sutis onde residem memórias emocionais, padrões ancestrais e fragmentos perdidos da alma. O entendimento de que traumas, choques ou experiências espirituais intensas podem provocar o desprendimento de partes da alma é central nesse sistema. E esses fragmentos, longe de serem apenas energias inertes, carregam traços da consciência do indivíduo: emoções, desejos, medos, intenções. Quando não resgatados, esses pedaços do ser podem se cristalizar em formas semiautônomas nos mundos espirituais, tornando-se verdadeiros ecos vivos do trauma original. Essas formas, que operam em paralelo ao ser encarnado, são identificáveis como duplicatas espirituais — e é exatamente nesse ponto que o conceito de clone astral encontra ressonância com os saberes xamânicos.

    A sabedoria ancestral não considera essas duplicatas como aberrações ou erros, mas como expressões legítimas de um processo de autoproteção espiritual que, ao se prolongar, torna-se disfuncional. Assim, o clone astral é compreendido como um sintoma da fragmentação e, ao mesmo tempo, um mapa para a cura. Ele aponta para o ponto da perda, da ruptura. O trabalho xamânico, então, busca não apenas eliminar esse reflexo, mas reintegrá-lo à totalidade do ser. É uma abordagem de acolhimento, de escuta e de reconexão com a essência perdida. A prática do resgate da alma, essencial nesse processo, simboliza um retorno à inteireza, onde cada parte do ser reencontra seu lugar no conjunto. Sob esse olhar, o clone astral é mais que um fenômeno energético — é um chamado da alma para que o ser humano retorne a si mesmo, curado, completo e em comunhão com o todo.

A espiritualidade xamânica não reconhece fronteiras rígidas entre corpo, mente e espírito. Tudo é energia em fluxo. E toda energia pode se deslocar. Quando um indivíduo sofre um choque emocional, um trauma físico ou um evento espiritual avassalador, é comum, segundo essa visão, que uma parte da sua alma se desprenda como forma de autoproteção. Essa parte fragmentada, movida pelo instinto de sobrevivência, se isola em alguma dimensão espiritual, aguardando o momento em que será buscada, reconhecida e reintegrada. Essa perda parcial da alma é conhecida como *soul loss*, ou perda de alma, e está entre os conceitos mais centrais da medicina espiritual xamânica.

O que o Ocidente chama de depressão profunda, sensação de vazio existencial, apatia extrema ou comportamento autossabotador, o xamanismo interpreta como o sinal inequívoco de que algo se perdeu. A pessoa deixou de ser inteira. Ela está vivendo com apenas uma parte de sua energia vital. E o mais assustador: essa parte que se fragmentou pode ganhar vida própria. Ela não desaparece — ela persiste, em estado de suspensão, vivendo com consciência limitada em algum ponto do plano astral. Ao fazer isso, torna-se algo muito semelhante ao que neste estudo chamamos de clone astral: uma duplicata espiritual, semi-autônoma, gerada a partir de um trauma e sustentada por um vínculo invisível com o originador.

Esse fragmento pode assumir formas simbólicas nos mundos espirituais explorados pelo xamã. Às vezes, aparece como uma criança assustada, trancada numa caverna. Em outros casos, como um animal ferido, um objeto quebrado ou até mesmo uma sombra que foge do contato. Essas imagens são representações arquetípicas daquilo que a parte dissociada está vivenciando. Para o xamã, esses fragmentos têm emoções, memórias e vontade própria. Eles podem resistir ao retorno, por medo de reviver a dor original. E quando isso acontece, tornam-se duplos espirituais — partes do self original que caminham sozinhas, vagando pelos mundos invisíveis, afetando sutilmente o indivíduo encarnado, que sente seus efeitos sem saber sua origem.

Em algumas tradições xamânicas da América do Sul, como entre os povos da Amazônia, acredita-se que essas partes perdidas da alma podem ser capturadas por entidades da floresta ou por espíritos sombrios. Esses seres se aproveitam da fragilidade vibracional do fragmento e o aprisionam, usando sua energia como alimento ou ferramenta. Assim, o clone astral, que já era um pedaço do próprio ser, passa a ser manipulado por inteligências externas. O vínculo com o original se mantém, mas a influência torna-se perversa: o indivíduo passa a sentir angústias, pesadelos, doenças energéticas e bloqueios existenciais que parecem não ter causa. Ele está sendo afetado à distância por sua própria sombra, agora servindo a um outro senhor.

O xamanismo oferece caminhos para lidar com isso. O mais poderoso e transformador é o chamado *ritual de resgate da alma*. Nele, o xamã entra em transe — geralmente induzido pelo som rítmico do tambor, do maracá ou da voz — e viaja para os reinos espirituais à procura dos fragmentos perdidos do paciente. Essa jornada pode durar minutos ou horas, e não é isenta de perigos espirituais. Muitas vezes, o xamã precisa enfrentar guardiões simbólicos, transpor obstáculos arquetípicos e convencer o fragmento a retornar. Quando o encontra, ele o acolhe, o cura com sopros, cantos e intenções, e o traz de volta ao corpo da pessoa, geralmente soprando-o em seu coração, cabeça ou plexo solar.

A experiência do resgate da alma é profundamente transformadora. Muitos pacientes relatam sensações de reconexão, paz, lágrimas sem motivo, sonhos vívidos com partes de si retornando. Com o tempo, recuperam energia, clareza e propósito. Em termos do fenômeno que investigamos, o clone astral originado por trauma é dissolvido pela reintegração: ele deixa de ser um ente à parte porque retorna à totalidade do ser.

Entretanto, há outro tipo de duplicação espiritual reconhecido nas práticas xamânicas — aquele que não nasce de um trauma, mas da vontade do xamã. Em muitas culturas, acredita-se que o feiticeiro ou xamã experiente é capaz de criar e enviar seu "nagual", ou duplo espiritual, para atuar à distância. Essa duplicata pode assumir formas humanas, animais ou até elementais. Ela é usada para curas, para proteção, para investigações espirituais ou, em casos sombrios, para ataques e feitiços. Aqui, temos um paralelo direto com a criação intencional de clones astrais como os descritos na Magia do Caos. A diferença é que, no xamanismo, esse processo é ancestral, simbólico e profundamente ritualizado.

Ao criar seu nagual, o xamã imprime parte de sua alma em uma forma simbólica, alimentada com energia vital e com propósitos claros. Esse duplo, porém, permanece vinculado a ele. Sua existência depende do vínculo e da manutenção ritual. Se não for reabsorvido ou dissolvido após o uso, ele pode escapar, vagar, se corromper. Alguns relatos antigos falam de xamãs enlouquecidos após perderem o controle de seus duplos, que passaram a agir por conta própria, criando caos nos mundos invisíveis e nos planos terrenos. Nesses casos, o que era uma ferramenta sagrada se torna um clone astral descontrolado — uma cópia espiritual sem comando, influenciada por forças não-humanas e perigosamente livre.

As tradições xamânicas alertam, portanto, para os riscos do desdobramento irresponsável. A alma humana, embora múltipla por natureza, é delicada em sua integridade. Cada fragmento que se afasta representa não apenas perda de energia, mas também de memória, vontade e proteção. A fragmentação excessiva pode deixar o ser vulnerável a obsessores, doenças, azar e desorientação existencial. O clone astral, como reflexo dessa fragmentação, é tanto sintoma quanto agente de desarmonia. Ele clama por retorno, mas pode resistir. Ele busca seu lar, mas pode já ter sido seduzido por outras forças. O trabalho do xamã é reconduzi-lo, com sabedoria, força e amor.

É notável que muitos dos relatos de possessão, bilocação, aparições espectrais e estados alterados de consciência descritos em contextos xamânicos coincidem com os fenômenos estudados em escolas esotéricas modernas sob o nome de "duplicação astral". A linguagem muda, o símbolo varia, mas o núcleo da experiência permanece: o ser humano pode se desdobrar, fragmentar e até duplicar-se energeticamente. E quando isso acontece de forma involuntária, o resultado pode ser uma entidade semi-autônoma — o clone astral — que interfere sutilmente na vida do originador, mesmo que este ignore sua existência.

A resposta xamânica a isso é simples, porém profunda: retorno ao centro. Reintegração. Reconexão com a Terra, com os ancestrais, com os ritmos naturais. O xamã não vê o clone como inimigo, mas como um chamado. Um alerta de que algo está fora do lugar. E sua cura não é feita com expulsões violentas ou dogmas, mas com escuta, com danças, com sonhos e com humildade diante do Mistério.

O clone astral, sob a ótica xamânica, é mais que um fenômeno — é um mestre disfarçado. Ele mostra onde o ser se perdeu. E sua dissolução não é um fim, mas um renascimento: o retorno do fragmento ao todo, do exilado ao lar, da dor à inteireza. E o tambor continua a soar, guiando o caminho de volta para casa.

Capítulo 8
Visão Espírita

A Doutrina Espírita oferece uma interpretação abrangente e sensível das dinâmicas invisíveis que regem a interação entre o espírito encarnado e as múltiplas manifestações do plano espiritual. Fundamentada nos ensinamentos transmitidos por espíritos superiores e organizados por Allan Kardec, essa visão compreende o ser humano como um espírito eterno em processo contínuo de evolução, temporariamente revestido de um corpo físico e de um envoltório semimaterial chamado perispírito. Este, por sua vez, atua como elo entre os planos denso e sutil, funcionando como molde energético do corpo carnal e, ao mesmo tempo, como veículo de expressão da individualidade espiritual nos estados de desdobramento, sono, desencarne ou perturbação. Dentro desse campo de possibilidades, a existência de duplicações espirituais, ou fragmentações perispirituais, é reconhecida como um fenômeno legítimo — ainda que incomum e complexo — que pode ser compreendido à luz dos princípios espíritas como uma consequência de desequilíbrios emocionais, influências obsessivas ou condições kármicas específicas.

A maleabilidade do perispírito, sua sensibilidade às vibrações mentais e sua capacidade de se projetar em múltiplos níveis dimensionais tornam-no suscetível a desdobramentos involuntários ou fragmentações acidentais. Quando intensos choques emocionais, traumas espirituais ou padrões prolongados de negatividade mental ocorrem, certas porções do perispírito podem se desgarrar parcialmente da estrutura integral, assumindo formas autônomas ou semiautônomas no plano espiritual. Tais formas, impregnadas de conteúdo psíquico denso — como mágoa, raiva, medo ou desejo de vingança — passam a atuar como entidades conscientes ou semi-conscientes, muitas vezes se manifestando com aparência, voz e personalidade semelhantes às do originador. A essas manifestações, a literatura espiritualista contemporânea tem associado o termo clone astral, compreendendo-as como derivações do próprio ser, mantidas ativamente por ligações fluídicas, memórias emocionais não resolvidas e, em muitos casos, exploradas por inteligências espirituais inferiores.

O Espiritismo, ao analisar esse tipo de ocorrência, não o classifica como uma anomalia exterior ou um ataque isolado, mas como um reflexo ampliado do estado interior do espírito encarnado. A obsessão, em sua forma mais complexa, muitas vezes envolve estruturas sutis que ultrapassam a simples ligação entre obsessor e obsediado: incluem duplicações perispirituais moldadas a partir do próprio campo vibratório da vítima. Essas formas-pensamento materializadas, dotadas de relativa autonomia, podem atuar como instrumentos de dominação espiritual, interferência mental e desgaste energético. Contudo, a abordagem espírita enfatiza que tais manifestações não são definitivas nem invencíveis. Elas representam, acima de tudo, uma oportunidade de aprendizado, de reequilíbrio moral e de libertação. A cura espiritual ocorre por meio da elevação da frequência mental, da renovação íntima e da prática constante do bem. Assim, mesmo diante do fenômeno do clone astral, a Doutrina Espírita reafirma sua convicção fundamental: o espírito humano é sempre senhor de seu destino e detentor do poder de se regenerar por meio do amor, da consciência e da reforma interior.

Allan Kardec, codificador do Espiritismo, ao organizar os fundamentos da doutrina com base em comunicações de espíritos superiores, não utilizou diretamente a expressão "clone astral". No entanto, os princípios por ele estabelecidos permitem que se compreenda a possibilidade de duplicações espirituais ou desdobramentos do perispírito — o envoltório semimaterial que liga o espírito ao corpo físico. Esse perispírito, sendo maleável e suscetível às emanações mentais e emocionais do indivíduo, pode, sob certas condições, ser manipulado ou fragmentado. Assim, o fenômeno do clone astral pode ser interpretado como uma forma degenerada de desdobramento ou como um artefato resultante de obsessões profundas.

O perispírito, segundo a Doutrina Espírita, é o intermediário entre o espírito e a matéria. Ele serve de molde para o corpo físico, mas também de veículo de expressão do espírito quando este se encontra desencarnado ou desdobrado. Durante o sono, por exemplo, é comum que o espírito se afaste parcialmente do corpo físico, mantendo-se ligado por um laço fluídico conhecido como cordão de prata. Nessa condição, ele pode atuar no mundo espiritual, encontrar outros espíritos, receber instruções ou até participar de atividades socorristas. Contudo, em alguns casos, devido a traumas, perturbações ou ataques espirituais, esse desdobramento pode gerar formas semi-independentes — duplicatas que se mantêm ativadas mesmo após o retorno parcial do espírito ao corpo físico.

É aqui que a pesquisa espiritualista moderna, especialmente no campo da apometria e da mediunidade de desobsessão, começa a lançar luz sobre os clones astrais. Em centros espíritas e espiritualistas brasileiros, muitos médiuns relatam casos de obsessão em que a entidade manifestante não é propriamente um espírito desencarnado, mas uma forma extraída do próprio perispírito da vítima. Essa forma tem aparência, voz e até trejeitos da pessoa, mas age contra ela. É como se um fragmento do eu tivesse sido sequestrado, programado e transformado em uma marionete espiritual, utilizada por obsessores ou magos negros para influenciar a vida da vítima de maneira sutil e contínua.

No livro "Senhores da Escuridão", de autoria mediúnica, é descrita uma operação realizada por espíritos obsessores altamente especializados, que extraem porções do corpo astral de suas vítimas durante o sono ou estados de perturbação. Essas porções são moldadas em duplicatas astrais — verdadeiros clones —

que são mantidos em laboratórios espirituais sombrios. Ali, esses clones são hipnotizados, condicionados e, depois, religados à mente do encarnado através de uma conexão fluídica. O resultado é devastador: o indivíduo passa a ter pensamentos que não são seus, sentimentos distorcidos, sonhos inquietantes e, muitas vezes, adoecimentos que desafiam o diagnóstico médico.

Esse tipo de obsessão é conhecido como subjugação complexa. Ela não envolve apenas a presença de um espírito perturbador, mas toda uma engenharia fluídica que transforma partes do próprio ser da vítima em instrumentos de sua prisão espiritual. O clone astral, nesse contexto, é um elo entre o obsessor e o obsediado — uma ponte de interferência, um cavalo de Tróia psíquico que opera dentro da estrutura energética da pessoa, sabotando sua vontade, drenando sua vitalidade e perturbando sua paz.

A apometria, técnica desenvolvida por José Lacerda de Azevedo, e posteriormente aperfeiçoada por diversos grupos espiritualistas, tem se mostrado particularmente eficaz na identificação e tratamento desses casos. Através do desdobramento consciente dos médiuns e do uso de comandos verbais específicos, os facilitadores conseguem localizar os clones astrais, identificar seus vínculos e promover sua dissolução ou reintegração. Em muitos relatos, os clones se mostram confusos, com aparência de zumbis ou autômatos espirituais, sem plena consciência de sua origem. Quando compreendem que são fragmentos da pessoa e não espíritos independentes, entram em colapso energético e são reabsorvidos ou desintegrados, conforme o caso.

Nos centros espíritas tradicionais, o tratamento de obsessões profundas envolve passes magnéticos, preces, evangelho no lar, harmonização mental e o acompanhamento contínuo da vítima. Embora a linguagem seja mais simbólica e menos técnica do que na apometria, os efeitos são semelhantes: com o tempo, o campo energético da pessoa vai se limpando, as conexões fluídicas nocivas se enfraquecem e a influência do clone astral, se existente, é reduzida até desaparecer.

É importante destacar que, na visão espírita, a existência de um clone astral não é uma condenação. Ela é vista como uma consequência de um desequilíbrio espiritual anterior, muitas vezes ligado a pensamentos negativos recorrentes, emoções descontroladas ou dívidas kármicas. Por isso, o tratamento nunca é apenas energético ou mediúnico — ele é moral. O indivíduo é orientado a mudar seus hábitos mentais, elevar seus pensamentos, cultivar a prece, a caridade e o estudo. Só assim a raiz do problema é tratada, e não apenas seus efeitos.

Há também registros de manifestações espontâneas desses clones astrais durante sessões mediúnicas. Algumas entidades que se apresentam como "espíritos obsessores" são, na verdade, formas-pensamento animadas, criadas pelo próprio encarnado. Essas formas, ao se manifestarem pela mediunidade, revelam suas origens: são cópias de raiva, inveja, medo ou desejo de vingança, lançadas ao longo dos anos e alimentadas inconscientemente. Elas se apresentam com aparência humana, falam, choram, reclamam, mas sua essência é energética, não espiritual. O médium as percebe com clareza, e os doutrinadores precisam aplicar técnicas específicas para dissolver o vínculo, desmagnetizar a forma e restituir a harmonia ao campo da pessoa.

Há um ponto de profunda sabedoria no modo como o Espiritismo encara essas manifestações. Kardec sempre ensinou que os espíritos — e, por extensão, qualquer forma de vida no plano sutil — são seres em evolução. Isso inclui, portanto, os fragmentos da alma humana que, por desajuste ou interferência, tomam vida temporária. O clone astral, por mais problemático que seja, é parte do processo evolutivo do ser. Ele é a materialização daquilo que foi rejeitado, ocultado ou desequilibrado. Sua dissolução não deve ser feita com ódio ou medo, mas com luz, compreensão e amor.

O Espiritismo também ensina que nenhuma influência espiritual se mantém sem a permissão — ainda que inconsciente — do encarnado. O clone astral, portanto, não é uma entidade invasora, mas uma criação coautorizada. Isso implica responsabilidade e liberdade: se fomos capazes de criar, também podemos desfazer. Se nos fragmentamos, também podemos nos reunir. E esse é, talvez, o maior ensinamento da Doutrina Espírita sobre o tema: o ser humano é cocriador do seu destino, em todos os planos. E mesmo as sombras que surgem no caminho são convites ao crescimento, à luz e à reconciliação consigo mesmo.

O clone astral, então, não é um inimigo, mas um espelho. Ele mostra o que ainda precisa ser curado, o que ainda sangra na alma. E ao encará-lo, com serenidade e fé, podemos, enfim, encontrar o caminho de volta à inteireza espiritual — passo a passo, oração a oração, luz a luz.

Capítulo 9
Formas de Pensamento

A realidade sutil que permeia o universo mental e emocional humano é composta por uma vastidão de formas moldadas pela mente, pelas emoções e pela vontade. Cada pensamento, ao ser gerado, projeta-se como um impulso energético que reverbera no plano astral, carregando consigo a essência vibratória de sua origem. Quando essa emissão é ocasional ou fraca, ela se dissipa rapidamente, como uma brisa no vento. No entanto, quando o pensamento é carregado de emoção intensa, reiterado com frequência e sustentado por imagens mentais vívidas, ele ganha densidade e forma, cristalizando-se como uma entidade vibracional ativa — a forma-pensamento. Esta se torna não apenas um reflexo simbólico de seu criador, mas um agente com certa autonomia energética, capaz de interferir no campo emocional, mental e espiritual do indivíduo ou daqueles a quem é dirigida. É nesse processo criativo inconsciente e contínuo que se encontra a origem do que, posteriormente, pode vir a ser reconhecido como um clone astral.

A gênese do clone astral está enraizada na repetição e na intensidade emocional. Diferente das formas-pensamento mais simples, que representam apenas ideias passageiras ou emoções pontuais, o clone astral é uma entidade moldada a partir de conteúdos internos profundamente enraizados e recorrentes. Ele é o resultado de um acúmulo simbólico prolongado — uma imagem psíquica que, ao ser alimentada por padrões emocionais persistentes, adquire complexidade estrutural. Trata-se de uma configuração energética sofisticada, contendo fragmentos da memória, da identidade, das motivações e até da autoimagem do criador. Ao atingir esse nível de coesão, a forma-pensamento deixa de ser apenas uma projeção e se transforma em um reflexo autônomo: uma duplicata espiritual simbiótica, que interage com a realidade astral e, em muitos casos, atua como uma extensão dissociada do próprio ser.

Esse fenômeno se manifesta com maior frequência em indivíduos que, por diversos motivos — traumas, repressões, desejos intensos ou conflitos internos prolongados —, acabam projetando partes da psique para fora do campo consciente. A mente, ao não conseguir integrar certos conteúdos, busca aliviá-los por meio da exteriorização simbólica, criando formas que, ao longo do tempo, se tornam independentes. Assim, a forma-pensamento evolui para um clone astral, carregando não apenas a emoção original, mas também o desejo de continuidade e preservação. Essa criação não é, necessariamente, maligna. Ela é, antes, uma resposta psíquica a um colapso interno, uma tentativa inconsciente de manter coesão através da fragmentação. Compreender essa dinâmica é fundamental para abordar não apenas a dissolução dessas entidades, mas também a necessidade de reestruturação emocional e psíquica que sua existência denuncia.

A criação de formas-pensamento é um fenômeno constante, ainda que imperceptível à maioria. Todo pensamento gerado por um ser humano carrega em si uma vibração, uma assinatura energética. Quando esse pensamento é fugaz ou superficial, ele se dissipa quase que instantaneamente. Mas quando é repetido, reforçado por emoção intensa — seja amor, medo, raiva, inveja ou desejo — e sustentado por concentração ou hábito, ele começa a condensar-se no plano astral. A matéria sutil, que ali é extremamente plástica, molda-se de acordo com o conteúdo simbólico e emocional da ideia emitida. O resultado é uma entidade temporária que se mantém ativa enquanto recebe energia do seu criador.

Essas formas-pensamento podem assumir infinitas aparências, dependendo do seu conteúdo emocional e do imaginário de quem as emitiu. Um pensamento de proteção pode se manifestar como um escudo, um anjo, uma esfera luminosa. Um pensamento de ódio pode assumir a forma de um monstro, uma faca ou um animal feroz. Elas têm cor, forma, movimento e até uma espécie de rudimentar inteligência instintiva. Algumas são enviadas intencionalmente a outras pessoas, como em casos de magia mental ou vampirismo psíquico. Outras apenas orbitam o campo energético do criador, influenciando-o silenciosamente com as mesmas vibrações que as geraram.

A literatura esotérica descreve formas-pensamento de diversos níveis de complexidade. Há as mais simples, criadas por pensamentos pontuais e emoções esporádicas. São como fagulhas mentais que se apagam em pouco tempo. Há as intermediárias, que se formam por meio de hábitos mentais recorrentes — um padrão de crítica, de medo ou de desejo, por exemplo — e que permanecem no campo áurico do indivíduo como verdadeiras nuvens vibratórias, afetando seu humor, sua saúde e sua clareza mental. E há, por fim, as formas-pensamento complexas: entidades criadas a partir de sentimentos intensos e prolongados, aliados a imagens mentais vívidas e sustentados ao longo do tempo.

É nesse último grupo que o clone astral se insere. Ele é uma forma-pensamento de altíssima complexidade, um fragmento condensado da própria psique, que se cristalizou de forma tão densa no plano astral que passou a agir como uma cópia espiritual. Diferente das formas-pensamento comuns, o clone carrega não apenas uma emoção ou ideia, mas um conjunto estruturado de memórias, padrões, comportamentos e imagens do próprio criador. Ele é, por assim dizer, uma entidade simbiótica, nascida da repetição, do desejo e da dor, e sustentada por um elo energético que se mantém enquanto o padrão emocional original não for transformado.

Esse processo é especialmente comum em pessoas que vivenciam conflitos internos profundos. Quando um aspecto da personalidade é reprimido — um desejo, uma lembrança, uma emoção não aceita —, ele não desaparece. Ao contrário, tende a se projetar para fora, buscando um espaço simbólico onde possa existir. Se esse aspecto for alimentado com intensidade, ganha forma. E se for sustentado com consistência, essa forma se autonomiza. É assim que, sem querer, muitos criam clones astrais: projetando para fora de si partes de sua sombra psíquica que não suportam enfrentar.

Nas tradições orientais, particularmente no budismo tibetano, há a noção de *tulpas* — seres formados pela mente humana com tanto vigor que adquirem existência própria. Esses construtos mentais podem ser positivos ou negativos, dependendo da intenção do criador. Um praticante avançado pode criar uma tulpa para ajudá-lo em sua jornada espiritual, como um guardião ou companheiro de meditação. Contudo, existem relatos de tulpas que escaparam ao controle do criador, adquirindo traços independentes, resistindo à dissolução e até mesmo interferindo na vida do criador. É o mesmo princípio do clone astral: uma forma-pensamento tão densa e estruturada que ultrapassa o papel de reflexo e se torna uma entidade com agência própria.

Nas escolas ocultistas do Ocidente, especialmente na Teosofia e na Magia do Caos, o estudo das formas-pensamento é uma das bases para a compreensão da magia mental. O operador aprende a gerar, alimentar, programar e dissolver essas formas. Mas também é alertado sobre os riscos de criá-las inconscientemente. Um pensamento de autodepreciação, repetido diariamente e reforçado por emoções negativas, pode se tornar uma forma-pensamento sombria que se fixa no chakra do plexo solar e passa a sabotar todas as iniciativas de autovalorização. Um desejo obsessivo por vingança, por exemplo, pode gerar um clone astral rancoroso que vagueia pelo astral tentando ferir simbolicamente o alvo — e retornando para o criador com consequências vibratórias imprevisíveis.

O problema se agrava quando essas formas-pensamento encontram afinidade com entidades do plano astral inferior. As larvas astrais e outros seres oportunistas, ao perceberem a presença de uma forma vibratória intensa, aproximam-se, alimentam-se dela e, em alguns casos, fundem-se a ela. O clone astral, nesses casos, torna-se híbrido: parte do criador, parte do obsessor. Essa união gera um ser ainda mais complexo, difícil de ser dissolvido, pois já não responde apenas ao criador, mas também a outras influências. É por isso que alguns clones parecem resistentes a orações, banhos energéticos e tentativas de reintegração. Eles já se transformaram em entidades compostas, exigindo intervenções espirituais específicas para sua dissolução.

A compreensão das formas-pensamento também permite que se entenda a responsabilidade energética de cada um. Pensamentos não são inofensivos. Emoções não são neutras. Cada emissão vibratória cria ondas no tecido do plano sutil, e essas ondas podem se condensar em formas. O clone astral, por mais assustador que pareça, é apenas a culminância de um processo de criação inconsciente que se deu ao longo do tempo. Ele é um espelho que diz: "É assim que você pensou. É assim que você sentiu. É isso que você criou." E como toda criação, ele pode ser desfeito — não por negação, mas por transformação.

Dissolver um clone astral exige, portanto, mais do que rituais externos. Exige mudança interna. A fonte da sua alimentação — o pensamento obsessivo, a emoção reprimida, o padrão negativo — precisa ser interrompida. A psique deve ser reorganizada. O indivíduo deve assumir o comando do próprio campo mental e emocional. Só assim o vínculo se rompe. Quando a fonte de energia cessa, a forma-pensamento começa a se desfazer naturalmente, como uma vela que se apaga sem combustível.

O clone astral é uma forma-pensamento levada ao seu grau máximo de complexidade. Ele carrega as cores da emoção, a forma do pensamento e a densidade do hábito. E embora pareça uma entidade externa, ele é, na verdade, uma extensão do próprio ser. Um filho da mente, um produto da alma em desarmonia. Reconhecê-lo como tal é o primeiro passo para dissolvê-lo. E dissolvê-lo é, ao fim, reencontrar-se com uma parte de si que pede luz, consciência e reintegração.

Capítulo 10
Causas Internas

A formação de um clone astral, quando analisada sob a ótica das causas internas, revela um processo profundo de fragmentação psíquica que opera silenciosamente nas camadas mais sutis do ser. Diferente das explicações que atribuem tais ocorrências a influências externas ou manipulações espirituais de terceiros, esta abordagem coloca o foco no universo íntimo do indivíduo, onde emoções não resolvidas, padrões mentais cristalizados e conflitos inconscientes formam o caldo vibratório propício à geração de duplicatas astrais. O clone, nesse contexto, é um produto direto do próprio criador, uma extensão condensada de conteúdos que não foram adequadamente acolhidos, elaborados ou integrados. Ele emerge como um reflexo da dor que não foi sentida, do desejo que não pôde ser vivido, da identidade que foi reprimida. Ao compreender essa dinâmica, torna-se possível não apenas reconhecer a gênese da duplicação, mas também construir um caminho real e eficaz para sua reintegração.

As emoções reprimidas desempenham papel central nesse processo. Quando sentimentos intensos como culpa, inveja, medo ou ressentimento são evitados ou negados de forma sistemática, o psiquismo não os anula — ele os armazena, encapsula e, eventualmente, os projeta para fora do campo consciente. Essa projeção, alimentada repetidamente, dá origem a uma forma simbólica que carrega a frequência vibratória do conteúdo original. Tal forma pode se desenvolver de maneira silenciosa por anos, passando despercebida, até que atinja densidade suficiente para interagir com o campo mental ou emocional de forma perceptível. Essa interação se manifesta em sensações de conflito interno, comportamentos autossabotadores, distúrbios de identidade ou mesmo em sonhos vívidos com figuras que personificam aspectos rejeitados do próprio ser. Ao contrário do que se supõe, o surgimento do clone não é repentino: é o resultado de um processo contínuo de alimentação energética inconsciente.

Outro elemento decisivo está na relação entre o eu idealizado e a sombra pessoal. A tentativa de manter uma imagem social, espiritual ou moralmente aceitável pode levar à exclusão violenta de partes legítimas da psique que, embora desconfortáveis, compõem o todo do indivíduo. Essas partes, relegadas ao inconsciente, passam a buscar meios de expressão simbólica — e o plano astral oferece o campo propício para isso. O clone astral, nesse caso, surge como o portador daquilo que foi exilado: desejos negados, medos não reconhecidos, pulsões não elaboradas. Sua existência é um alerta: ele carrega as mensagens que o ego recusou ouvir. Vê-lo como inimigo apenas reforça a divisão interna; reconhecê-lo como parte do próprio processo de autodefesa e autopreservação é o primeiro passo para dissolvê-lo. O retorno à unidade exige essa escuta amorosa daquilo que a alma tentou calar.

O primeiro aspecto a se considerar são as emoções profundas e não resolvidas. Raiva contida, tristeza crônica, ressentimentos enraizados, medos cultivados em silêncio — todas essas forças vibram intensamente no corpo astral. Quando essas emoções permanecem ativas por períodos prolongados, elas geram zonas de instabilidade no campo sutil. Essas zonas, por sua vez, tornam-se vórtices energéticos que atraem, condensam e eventualmente expelirão partes da consciência como forma de autoproteção. O indivíduo não consegue mais sustentar aquela energia dentro de si, e então ela é projetada para fora, criando uma entidade simbólica — um clone astral que carrega o conteúdo vibratório que o originador não conseguiu integrar.

Esse processo pode ser sutil. Imagine uma pessoa que, durante anos, alimenta um desejo de fuga da própria realidade. Ela sonha em ser outra, viver outra vida, deixar tudo para trás. A princípio, isso parece inofensivo. Mas a mente, ao repetir tais desejos com intensidade emocional, começa a moldar um reflexo psíquico. Esse reflexo se organiza no plano astral como uma duplicata que representa essa "versão desejada" da pessoa. O clone nasce como uma espécie de avatar inconsciente do desejo de evasão. Com o tempo, essa duplicata passa a se manifestar em sonhos, interferir nas decisões, induzir sensações de insatisfação e ampliar o sentimento de inadequação. Tudo isso porque um pedaço da consciência foi projetado — e agora age com relativa autonomia.

Outro fator de risco é o conflito entre persona e sombra. A persona é o rosto social, a imagem que o indivíduo projeta para o mundo — controlada, funcional, moralmente aceitável. A sombra, por sua vez, é o conjunto de desejos, impulsos e características que foram reprimidas ou julgadas inaceitáveis. Quando esse conflito se acentua, o campo astral sofre. A parte reprimida, negada pela consciência, tende a buscar expressão de algum modo. E como o campo psíquico não suporta vácuos, o que não é integrado tende a se deslocar para fora. Surge, então, um clone astral que carrega o conteúdo da sombra — muitas vezes com uma aparência distorcida, comportamento agressivo ou instintual, e propensão a causar sabotagens emocionais ou espirituais.

A psicologia analítica, ao tratar da sombra, fala da necessidade de integrá-la ao self consciente para evitar projeções destrutivas. No plano espiritual, isso significa reconhecer que o clone astral não é um inimigo, mas um mensageiro. Ele revela o que ainda não foi aceito. Sua simples existência aponta para um ponto cego, um recanto da alma que clama por reconhecimento. E ignorá-lo apenas aumenta seu poder, pois o que é rejeitado tende a crescer na escuridão.

Práticas espirituais mal conduzidas também podem gerar clones astrais por causas internas. Quando uma pessoa se envolve com meditação, projeção astral, invocações ou outras técnicas esotéricas sem a devida preparação emocional e mental, corre o risco de ativar áreas da psique que ainda não estão prontas para serem liberadas. Por exemplo, alguém que busca sair do corpo regularmente, mas carrega traumas não curados, pode projetar um fragmento de si que, uma vez liberado, não consegue retornar com facilidade. Esse fragmento, alimentado por medo ou desejo, pode se cristalizar como um clone astral. E ao contrário do que o praticante pensa, ele não está apenas explorando planos superiores — está perdendo partes de si no processo.

Essa perda, embora sutil, se manifesta em sintomas concretos. Sensação de vazio existencial, perda de energia sem causa aparente, dificuldade de concentração, sonhos recorrentes com um "outro eu", sensação de não estar sozinho dentro da própria mente — todos são indícios de que algo se fragmentou. O clone, nesse cenário, não é um ataque externo, mas o eco de uma prática feita sem discernimento, sem ancoramento ou sem o acompanhamento necessário.

Um ponto especialmente delicado é o dos desejos reprimidos. Muitos clones astrais se originam de impulsos intensos que foram conscientemente rejeitados. Desejos sexuais, ambições de poder, sentimentos de superioridade ou de vingança — todos esses conteúdos, quando reprimidos por moral, medo ou vergonha, não desaparecem. Eles buscam vias alternativas para existir. E no plano astral, eles podem se condensar como duplicatas espirituais. Esses clones são, muitas vezes, os mais difíceis de aceitar, pois revelam aspectos que o indivíduo não quer reconhecer como seus. Mas são, ao mesmo tempo, os que mais urgentemente precisam ser olhados, compreendidos e reintegrados.

Existem também os casos em que o clone astral se forma por um mecanismo de compensação psicológica. Pessoas que sofreram perdas profundas — como morte de entes queridos, frustrações amorosas ou colapsos emocionais — podem, inconscientemente, criar duplicatas para "substituir" a parte que foi perdida. A mente, em seu esforço para evitar o sofrimento, cria um outro eu que não sente dor, que é forte, que continua mesmo quando a pessoa original quer parar. Esse clone pode parecer um aliado, mas com o tempo se revela um peso. Ele impõe padrões, exige controle, suga energia. Afinal, ele foi criado para suportar o que o criador não queria enfrentar. Mas nenhuma substituição dura para sempre — e o preço de manter um clone emocional ativo é alto demais para a alma.

Dessa forma, podemos perceber que as causas internas do surgimento do clone astral não são apenas erros — são mecanismos de defesa do inconsciente. São tentativas da alma de manter a integridade em meio ao caos. Mas essas tentativas, quando não reconhecidas, acabam se tornando prisões. O clone se transforma no carcereiro silencioso que impede o crescimento verdadeiro, pois mantém a energia presa ao passado, ao trauma, ao padrão não resolvido.

A cura começa com o reconhecimento. Admitir que o clone astral foi criado a partir de uma dor interna é o primeiro passo. Depois, é preciso desativar a fonte de energia que o mantém. Isso exige coragem para enfrentar o que foi negado: a emoção não sentida, o desejo proibido, a memória dolorosa. Em muitos casos, terapias espirituais são necessárias — mas também o são as psicológicas. Pois o clone astral não é apenas um problema espiritual; ele é um sintoma da psique. Ele mostra onde há fragmentação. E só o autoconhecimento pode restaurar a unidade perdida.

O caminho, portanto, não é de combate, mas de reintegração. O clone astral, quando visto com olhos de sabedoria, torna-se um professor. Ele mostra o que precisa ser curado. Ele traz à tona o que foi enterrado. E ao ser compreendido, acolhido e dissolvido, ele devolve ao indivíduo aquilo que lhe foi arrancado: a inteireza, a clareza, a soberania sobre si mesmo.

Capítulo 11
Causas Externas

A duplicação astral provocada por agentes externos representa uma das manifestações mais inquietantes e perigosas do fenômeno energético. Ela emerge não como uma consequência de conflitos internos ou desajustes emocionais do indivíduo, mas como o resultado de ações deliberadas conduzidas por consciências alheias, que operam com o intuito específico de manipular, subjugar ou explorar psiquicamente a vítima. Nessa dinâmica, o clone astral é uma construção arquitetada fora da vontade do hospedeiro, utilizando brechas sutis em seu campo energético. Essa intervenção não respeita fronteiras entre os mundos visível e invisível e se manifesta com estratégias sofisticadas que desafiam a percepção ordinária da realidade. A vítima, muitas vezes, desconhece totalmente que parte de sua energia foi sequestrada e moldada por inteligências externas com finalidades obscuras. Trata-se de um fenômeno que transcende a simples influência espiritual, adentrando o campo da engenharia oculta aplicada sobre o corpo sutil.

As forças que promovem esse tipo de invasão não são casuais nem improvisadas. Elas operam a partir de conhecimento acumulado e de técnicas refinadas ao longo dos milênios, encontradas em tradições ocultistas, doutrinas espiritualistas e relatos ancestrais de civilizações distintas. Espíritos obsessores, magos negativos e entidades do astral inferior são exemplos desses agentes que manipulam com precisão aspectos do perispírito humano, criando duplicatas que funcionam como mecanismos de interferência e controle. A intenção por trás dessas criações varia desde a drenagem energética até a indução de estados mentais e emocionais que enfraquecem o discernimento e reduzem a resistência espiritual da pessoa. Em vez de agir diretamente sobre o indivíduo, essas consciências se valem do clone astral como ponte vibratória, mantendo-se ocultas enquanto exercem influência contínua e profunda sobre sua vítima.

O impacto dessas duplicações externas é devastador justamente por sua sutileza. A vítima pode sentir cansaço extremo, lapsos de consciência, distorções emocionais e espirituais, e até mesmo uma sensação de não pertencimento ao próprio corpo ou mente. No entanto, sem evidência física ou lógica que explique esses sintomas, tende a atribuí-los ao estresse cotidiano, a problemas psicológicos ou a perturbações passageiras. Isso amplia ainda mais o domínio das entidades, pois quanto maior a ignorância sobre o que realmente ocorre, maior a eficácia do controle exercido. O clone, nesse contexto, não é apenas uma réplica energética: é uma ferramenta de manipulação consciente, projetada com precisão para ocupar espaços sensíveis do campo vibracional da pessoa, interrompendo conexões espirituais superiores e instaurando um padrão de desequilíbrio contínuo. O reconhecimento da existência dessas causas externas é o primeiro passo para o resgate da autonomia espiritual e da soberania energética do ser.

Uma das formas mais recorrentes de criação externa de clones astrais se dá através da ação de espíritos obsessores. Esses seres, desencarnados que se mantêm presos a planos inferiores por apego, raiva, ignorância ou perversidade, desenvolvem técnicas complexas de domínio psíquico. Não se trata de simples aproximações vibratórias ou de induções telepáticas. Em muitos casos, trata-se de verdadeiras intervenções cirúrgicas no perispírito da vítima. O obsessor, ao identificar uma vulnerabilidade emocional ou energética, utiliza esse ponto de entrada para manipular partes do corpo astral. E com conhecimento adequado, pode extrair, duplicar ou moldar uma parte do perispírito da vítima em um clone astral sob seu comando.

Esse clone, ainda que carregue a aparência e a assinatura vibratória do original, não está mais sob seu controle. Ele se torna uma extensão da vontade do obsessor, funcionando como uma marionete espiritual. A vítima, muitas vezes sem saber, passa a ser influenciada por impulsos que não reconhece como próprios, sofre com exaustão inexplicável, oscilações emocionais intensas, lapsos de consciência e até alterações de comportamento. O clone, nesse contexto, atua como um intermediário, um canal de ação entre o obsessor e a mente da vítima. E por ter sido moldado a partir da própria essência do hospedeiro, tem acesso profundo aos seus medos, lembranças e padrões mentais.

Em centros espiritualistas e grupos de apometria, esse tipo de caso é descrito como um processo de "clonagem fluídica", onde uma parte do corpo astral da pessoa é separada, moldada e programada por entidades espirituais. Algumas dessas entidades são verdadeiros "tecnólogos do astral inferior", espíritos altamente especializados em manipular energia, implantar dispositivos e criar formas de domínio sofisticadas. Eles operam com precisão e discrição, muitas vezes sem que a vítima tenha qualquer consciência do que está ocorrendo. O clone gerado é então ligado ao original por cordões energéticos ocultos, que permitem não apenas a drenagem de energia, mas também a inserção de pensamentos, sentimentos e impulsos.

Outro campo de atuação das causas externas é a magia negativa. Dentro das práticas de bruxaria maliciosa, goécia pervertida e feitiçaria voltada ao domínio psíquico, existem rituais específicos para a criação de duplicatas astrais de uma pessoa. Um dos métodos mais antigos é o uso de bonecos simbólicos — os chamados bonecos vodu —, onde o mago utiliza elementos do alvo (cabelos, unhas, fotografias, roupas usadas) para estabelecer uma conexão vibratória. A partir dessa ligação, e com rituais adequados, é possível construir uma forma astral que se assemelha à vítima e que passa a servir como substituto espiritual dela. Essa duplicata é então utilizada como receptáculo de comandos, maldições ou influências que, por simpatia vibracional, atingem o original.

Tais práticas são antigas e universais. Há registros similares em culturas africanas, europeias, asiáticas e indígenas. Todas compartilham a noção de que é possível atuar sobre uma pessoa à distância, manipulando uma representação sua. No caso do clone astral, essa representação não é apenas simbólica, mas energética. A duplicata, uma vez criada, passa a ter vida própria no plano sutil, influenciando diretamente o campo vibracional do alvo. A pessoa começa a experimentar sintomas psíquicos e físicos sem causa aparente: confusão mental, sensação de invasão, sonhos estranhos, fadiga constante, queda de energia sexual e vital, entre outros.

Em muitos casos, o clone astral criado por magia negativa atua como uma barreira entre a vítima e seus guias espirituais. Ele bloqueia a intuição, distorce mensagens recebidas em sonhos ou meditações e cria um campo de interferência que dificulta o contato com o plano superior. Além disso, funciona como um ponto de ancoragem para outras entidades. Uma vez que o clone está conectado ao original, torna-se uma via de acesso para obsessores, vampiros astrais e outras consciências predadoras. Essas entidades se alimentam da energia gerada pela tensão constante, pelas emoções negativas e pela confusão mental provocada pela presença do clone.

Há também casos em que o clone é implantado em pessoas que frequentam ambientes de baixa vibração espiritual: locais onde se realizam rituais duvidosos, sessões de magia egoísta ou encontros com intenções ocultas. Nesses ambientes, as energias são densas, e se a pessoa estiver fragilizada ou desatenta, pode ser "marcada" por uma entidade que, com o tempo, extrairá uma parte de sua energia para formar um clone. Esse clone, então, permanece à espreita, muitas vezes instalado no campo energético da própria pessoa ou em um ambiente específico. A pessoa começa a se sentir drenada, instável, como se estivesse "fora de si". E está — pois uma parte sua foi separada e está sendo usada contra ela mesma.

É importante destacar que essas causas externas só conseguem atuar quando há uma brecha interna. Ninguém é totalmente vulnerável a ataques espirituais sem que, em algum nível, tenha aberto espaço para isso. A raiva mantida, a mágoa não resolvida, o desejo de vingança, a inveja, o orgulho excessivo — todos esses sentimentos criam fissuras no campo energético. E são essas fissuras que os magos negativos e obsessores exploram. Assim, mesmo quando o clone astral é criado de fora, ele só se liga ao original porque encontra ressonância. A manipulação externa sempre encontra um eco interno que a sustenta.

A dissolução desses clones requer uma abordagem multifacetada. É preciso limpar o campo energético, cortar os vínculos vibratórios, desfazer os comandos mentais e restaurar a integridade do corpo astral. Em centros espiritualistas, isso é feito através de passes, orações, uso de ervas, defumações, tratamentos apométricos, regressões e técnicas de proteção. Em rituais de magia branca, utiliza-se a transmutação alquímica da energia, a elevação da frequência vibracional e a invocação de forças superiores para desfazer os laços criados. O fundamental é entender que o clone não é apenas uma entidade — é um elo. E cortar esse elo requer tanto ação externa quanto transformação interna.

A vítima também precisa assumir sua parte no processo. Precisa reequilibrar seus pensamentos, purificar suas emoções, cortar hábitos nocivos e fortalecer sua espiritualidade. Sem essa mudança, mesmo que o clone seja dissolvido, outro poderá ser criado. A vigilância é contínua. A integridade energética não é um estado, mas uma prática diária. E à medida que a pessoa se fortalece, as possibilidades de interferência diminuem drasticamente.

As causas externas da criação de clones astrais nos lembram de que o universo espiritual é um campo dinâmico de relações. Há forças que querem nos elevar e há forças que querem nos aprisionar. Mas o livre-arbítrio é sempre nosso. Mesmo diante das manipulações mais sutis, a consciência desperta é capaz de desfazer qualquer nó. O clone astral, mesmo quando criado por outrem, não é invencível. Ele é uma sombra moldada por artifício. E toda sombra, por mais densa que seja, se desfaz na presença da luz. Essa luz, que é a verdade interior, a força da alma, a clareza da mente e a pureza do coração, é a única arma que nunca falha.

Capítulo 12
Trauma e Fragmentação

O impacto de um trauma profundo ultrapassa as fronteiras do sofrimento emocional e reverbera por toda a estrutura multidimensional do ser, instaurando um processo de fragmentação que compromete a integridade psíquica e espiritual. Quando a dor atinge um limiar insuportável, o sistema interno recorre, de forma instintiva, a mecanismos de autoproteção que envolvem o isolamento de partes da consciência. Essas porções, impregnadas pela carga emocional do evento traumático, não desaparecem — elas se destacam do núcleo do eu e passam a existir de forma autônoma nos planos sutis, criando duplicatas energéticas que conservam as memórias, os sentimentos e as crenças associadas à experiência original. Esse processo de cisão, que opera silenciosamente nas camadas profundas da psique, dá origem a fragmentos astrais que funcionam como satélites da dor: orbitam a consciência central, influenciam decisões, moldam reações e perpetuam padrões de sofrimento.

Esses fragmentos não são apenas reminiscências emocionais; tornam-se formas sutis com identidade própria, desenvolvendo certa autonomia comportamental e energética. Ao se estabelecerem no plano astral, eles adquirem características que os tornam perceptíveis em estados alterados de consciência, como meditações, sonhos lúcidos e práticas de regressão. Assumem, muitas vezes, aparências simbólicas diretamente ligadas ao tipo de trauma vivenciado — representações que, mesmo não sendo reconhecidas de imediato pelo consciente, carregam a verdade oculta de uma dor não processada. O fenômeno da duplicação, nesse contexto, não é produto de um intento deliberado, mas consequência inevitável da tentativa inconsciente de conter a dor. É como se a alma, para sobreviver, tivesse que deixar partes de si para trás, em câmaras lacradas no tempo.

Essas duplicatas energéticas, formadas sob o signo do sofrimento, tornam-se influências recorrentes e persistentes na vida cotidiana. Atraem eventos semelhantes aos que lhes deram origem, recriam contextos de dor, sabotam relações e impedem a realização de propósitos mais elevados. Não como uma punição, mas como uma tentativa inconsciente de reintegração, de encerramento de ciclos. Ao se manifestarem como forças internas conflitantes ou como estados emocionais desproporcionais, esses clones psíquicos denunciam a existência de um núcleo ferido que clama por atenção. Mais do que sintomas, são expressões vivas de um pedido de cura. A presença desses fragmentos não indica fraqueza, mas a profundidade da experiência humana — e aponta, com precisão, onde está a chave para a verdadeira transformação interior.

A fragmentação espiritual provocada por traumas é um fenômeno reconhecido em múltiplas tradições. No xamanismo, fala-se da perda de alma: quando uma parte do ser se afasta para não enfrentar o horror vivido. No esoterismo ocidental, fala-se em desdobramento traumático, em que porções da consciência se separam do todo, originando entidades semiautônomas. Na psicologia transpessoal, reconhece-se a existência de subpersonalidades ou complexos dissociativos que assumem o controle do indivíduo em momentos de crise. Em todos esses casos, a linguagem varia, mas o núcleo da experiência permanece: o trauma intenso tem o poder de partir o ser em pedaços.

Quando um trauma não é integrado — seja por falta de suporte, por repressão emocional ou por mecanismos de defesa inconscientes —, ele se encapsula. A memória do evento, a emoção associada e a parte do self que vivenciou aquilo são isoladas da consciência principal. O que sobra é um fragmento congelado, que continua a existir num ponto remoto da psique ou, mais frequentemente, do plano astral. Esse fragmento, ao longo do tempo, pode adquirir características de autonomia: passa a ter suas próprias reações, desejos, padrões e até formas simbólicas. Torna-se, de fato, um clone astral — um pedaço da pessoa vivendo fora dela, reencenando eternamente o momento da dor original.

Muitos desses clones não aparecem com a aparência exata do criador. Eles se manifestam como crianças assustadas, adolescentes raivosos, mulheres em pranto, homens violentos — figuras que representam o aspecto traumatizado da psique. São partes que ficaram presas no tempo, congeladas na frequência do sofrimento. E quando essas duplicatas se tornam conscientes no plano astral, começam a interferir na vida do indivíduo. Elas atraem situações semelhantes àquelas que originaram o trauma, numa tentativa inconsciente de resolução. Criam padrões repetitivos de fracasso, abuso, abandono, rejeição. São como ecos do passado que se recusam a morrer.

É importante compreender que essas manifestações não são inimigas. Elas são gritos de socorro. São pedaços da alma que clamam por acolhimento, por reconhecimento, por amor. O clone astral gerado por trauma é, em essência, um símbolo vivo da dor que não foi curada. Ele carrega a energia do evento, o peso da emoção reprimida, a carga das crenças limitantes formadas naquela ocasião. E enquanto não for reintegrado, continuará a influenciar o campo energético da pessoa, drenando sua vitalidade, interferindo em seus relacionamentos, sabotando seus projetos e distorcendo sua percepção de si mesma.

Esses clones, por estarem profundamente ligados a emoções de sofrimento, costumam se fixar em regiões específicas do corpo energético — especialmente no plexo solar (centro das emoções), no cardíaco (centro das dores afetivas) e no laríngeo (centro da expressão). É comum que a pessoa sinta dores físicas inexplicáveis nessas áreas, ou sensações de peso, bloqueio, calor ou frio intenso. Também é frequente a ocorrência de sonhos recorrentes com versões de si mesma em situações de sofrimento ou conflito, ou com figuras simbólicas que, na verdade, representam o clone em busca de contato.

Muitos desses fragmentos assumem uma postura defensiva. Acostumados à dor e ao abandono, resistem à reintegração. Manifestam-se com hostilidade, desconfiança ou indiferença. Por isso, abordagens agressivas não funcionam. A dissolução de um clone astral traumático não se dá por combate, mas por compaixão. O trabalho de cura requer escuta, presença e empatia. É preciso olhar para o fragmento com olhos de mãe, de pai, de amigo fiel. Dizer a ele: "Eu te vejo. Eu reconheço sua dor. Você pertence a mim. Venha para casa."

Terapias de regressão, cura da criança interior, visualizações guiadas e práticas xamânicas de resgate da alma são ferramentas eficazes para esse processo. Nesses métodos, o indivíduo acessa os planos sutis de sua consciência e reencontra o fragmento perdido. O encontro, muitas vezes, é profundamente emocional. A pessoa vê a si mesma em uma versão mais jovem, em prantos, em pânico, ou simplesmente desligada. A simples reconexão já inicia o processo de cura. Mas o passo seguinte — a reintegração — exige intenção, perdão e comprometimento.

Perdoar a si mesmo pelo que não pôde evitar. Liberar a emoção retida com segurança. Reprogramar as crenças que foram instaladas naquele momento. Tudo isso faz parte do trabalho de dissolução do clone astral traumático. E, uma vez concluído, os efeitos são profundos: alívio emocional, clareza mental, sensação de presença, aumento de energia e, sobretudo, a percepção de estar inteiro novamente.

Vale ressaltar que, em casos mais graves, o clone pode ter sido cooptado por entidades do plano astral inferior. Isso ocorre quando o fragmento, vibrando em dor intensa, atrai para si a atenção de obsessores ou formas-pensamento negativas. Esses seres se aproveitam da fragilidade da duplicata para alimentá-la com emoções negativas e utilizá-la como ponto de acesso ao campo energético do criador. O clone se torna, então, um cavalo de Tróia espiritual, facilitando a influência de forças externas sobre a pessoa. Nestes casos, além da cura emocional, é necessário um trabalho espiritual específico: banimentos, limpezas energéticas, apometria, passes magnéticos e invocações de proteção.

No entanto, mesmo nesses casos, o princípio permanece: o clone é uma parte da pessoa. E só ela pode autorizar, em última instância, sua dissolução. Por isso, a recuperação do poder pessoal é tão importante. Ao assumir a responsabilidade por sua cura, o indivíduo interrompe o fluxo de energia que sustenta a duplicata. Ao integrar a dor, dissolve a forma. E ao acolher a parte ferida, se torna mais forte, mais inteiro, mais consciente.

O trauma fragmenta. Mas a consciência cura. O clone astral, embora pareça um inimigo, é na verdade um convite à reconciliação com o passado. Ele é o mapa da dor não resolvida. E quem tem coragem de segui-lo até o fim, encontra, no centro do labirinto, não um monstro, mas uma criança assustada. Ao abraçá-la, tudo muda. O clone desaparece. A sombra se ilumina. E o ser se reencontra consigo mesmo, mais profundo, mais verdadeiro, mais pleno.

Capítulo 13
Magia Negativa

A manipulação intencional das forças sutis com finalidades destrutivas revela uma faceta sombria da interação entre consciências no plano astral. No campo da magia negativa, cada ato é cuidadosamente arquitetado para interferir no livre-arbítrio, sabotar a harmonia e enfraquecer a essência vital do alvo escolhido. A criação de clones astrais dentro desse contexto representa uma das estratégias mais sofisticadas e insidiosas utilizadas por magistas que atuam em sintonia com correntes involutivas. Esses operadores não apenas conhecem as leis que regem a manipulação energética, mas dominam técnicas específicas de duplicação fluídica com o intuito de subjugar, espionar, desviar ou comprometer o fluxo natural da alma humana. Diferentemente das projeções inconscientes ou dos fragmentos gerados por trauma, o clone aqui é moldado com intenção e precisão, funcionando como um elo parasitário entre o mago e a vítima.

A engenharia astral envolvida na formação desses clones se baseia na utilização deliberada de elementos que vibram em ressonância com a vítima. A partir da coleta de objetos pessoais, resíduos biológicos, dados vibracionais ou astrológicos, o magista estabelece uma ponte direta com o campo sutil do indivíduo. Essa conexão, uma vez ativada, permite o acesso e a extração de porções energéticas autênticas, que são então moldadas em uma forma pensante com estrutura e comportamento próprios. O clone resultante não é uma mera cópia simbólica — é uma duplicata atuante, programada para operar como extensão da vontade do mago. Suas funções podem variar desde causar perturbações emocionais e mentais até bloquear completamente o acesso da vítima à sua intuição, guias espirituais ou propósito superior. Em alguns casos, ele é instalado como barreira no campo espiritual; em outros, como canal direto de interferência.

O verdadeiro perigo desses clones criados por magia negativa está em sua natureza híbrida: eles compartilham a assinatura vibracional da vítima, mas operam sob comando externo. Isso confere ao ataque um grau elevado de camuflagem e eficácia. As alterações vividas pela pessoa são confundidas com questões emocionais próprias, levando-a a buscar soluções inadequadas ou ineficazes. Ela sente cansaço sem motivo, vive estados de confusão mental, enfrenta quedas súbitas de energia ou é acometida por pensamentos destrutivos que não reconhece como seus. Aos poucos, sua vitalidade espiritual é corroída, sua vontade é enfraquecida e sua percepção de si mesma se torna distorcida. O clone torna-se, então, um agente de reprogramação, redirecionando a trajetória da alma em direção à desordem, ao medo e ao afastamento de sua essência mais elevada. Identificar essa manipulação é o primeiro passo para neutralizá-la e restaurar o poder pessoal.

É necessário compreender que a magia negativa não age de maneira aleatória. Ela se vale de leis naturais — as mesmas leis que regem a magia branca —, mas as aplica com finalidades opostas às do bem comum. A manipulação de formas-pensamento, a projeção intencional de energia, a atuação sobre o corpo astral de terceiros, tudo isso está dentro do escopo da ação mágica. Quando um operador da magia negativa escolhe um alvo, ele inicia um processo minucioso de análise vibratória, identificação de pontos fracos e coleta de elementos simbólicos — como fotos, cabelos, objetos pessoais ou até informações astrológicas e numerológicas. Esses elementos funcionam como chaves de conexão com a estrutura energética da vítima.

A partir dessa ligação, o magista inicia a construção do clone astral. Há duas formas principais de se fazer isso: a primeira é através da moldagem de um construto energético à semelhança da vítima, infundido com parte da vibração original dela; a segunda, mais invasiva, é feita por meio da extração direta de fragmentos do corpo astral ou mental da pessoa. Essa segunda via é mais comum em casos de magia de alto nível, executada por iniciados que conhecem profundamente os mecanismos da duplicação fluídica. Para isso, o mago pode aguardar o momento em que a vítima está dormindo — quando o corpo astral se afasta naturalmente do físico — e então realizar o "sequestro" de parte da sua energia.

Esse fragmento capturado é então moldado com intenções específicas. Pode ser programado para transmitir padrões mentais negativos, gerar medo, insegurança, induzir comportamentos destrutivos ou até mesmo provocar doenças. O clone é dotado de autonomia parcial e é mantido ativo através de rituais periódicos, em que o magista reenergiza a forma, reafirma seus comandos e monitora seus efeitos sobre a vítima. Em casos mais extremos, o clone é colocado como barreira entre a pessoa e sua própria espiritualidade, funcionando como uma camada de interferência que bloqueia a intuição, dificulta preces e interrompe o fluxo de energia com seus guias e mentores.

A complexidade dessa manipulação reside no fato de que, sendo o clone formado com material do próprio ser da vítima, ele possui uma ligação legítima com ela. Não se trata de uma entidade externa invadindo seu campo, mas de um reflexo alterado dela mesma. Por isso, é tão difícil identificar o ataque com clareza: a vítima sente que algo está errado, mas não consegue diferenciar os pensamentos e emoções impostos daqueles que surgem espontaneamente. Os sintomas são sutis no início — cansaço recorrente, irritabilidade, pesadelos frequentes, sentimentos de fracasso ou desamparo. Com o tempo, eles se intensificam: crises de pânico sem causa aparente, sensação de perseguição, perda de memória, bloqueios profissionais ou afetivos inexplicáveis.

A simbologia do "boneco vodu" é bastante representativa desse processo. No entanto, ao contrário da versão popular, o clone astral não é apenas uma representação física da vítima. Ele é uma duplicata ativa, inserida no plano sutil, que serve como ponte entre o magista e o original. Cada ação realizada sobre o clone reverbera no corpo físico, emocional e mental da vítima. Se o mago inflige dor à duplicata, o alvo pode sentir sintomas físicos; se implanta ideias no clone, elas podem surgir na mente da pessoa como pensamentos intrusivos. A vítima pode começar a duvidar de si, perder força de vontade, desenvolver vícios ou compulsões que antes não possuía. O clone se torna, assim, uma ferramenta de reprogramação espiritual negativa.

Além do uso individual, há também relatos de organizações ocultas que trabalham com criação em massa de clones astrais para manipulação coletiva. Tais grupos, muitas vezes ligados a correntes involutivas do plano espiritual, buscam gerar duplicatas de lideranças, médiuns, artistas ou pessoas influentes, com o intuito de enfraquecê-los ou desviá-los de sua missão. Essas duplicatas, quando ativadas, interferem no campo vibracional da pessoa, obscurecem sua visão interior e podem até induzir ações contrárias à sua ética e propósito. Ao se observar figuras públicas que mudam abruptamente de comportamento, que perdem seu brilho espiritual ou que se envolvem em escândalos inexplicáveis, vale considerar se há interferência de clones astrais manipulados por magia negativa.

Em outro aspecto, existem magos que criam clones astrais não para atacar diretamente, mas para espionar espiritualmente suas vítimas. Essas duplicatas são lançadas nos planos sutis com a missão de observar, recolher informações e transmitir impressões ao seu criador. São verdadeiros espiões astrais, que podem se posicionar ao lado da cama da pessoa durante o sono, vigiar encontros espirituais, acompanhar práticas meditativas ou mesmo interferir em sessões de cura. Muitos médiuns relatam ter percebido, durante desdobramentos, "versões" distorcidas de si mesmos os observando à distância. Nem sempre essas presenças são projeções involuntárias — às vezes, são clones instalados por terceiros com finalidades bem definidas.

É importante compreender que a ação da magia negativa sobre a criação de clones astrais não se restringe a um campo teórico ou mitológico. Ela é relatada em atendimentos de apometria, sessões mediúnicas, consultas xamânicas e investigações psíquicas de diversas escolas espirituais. E embora os relatos variem em detalhes e terminologias, o padrão é recorrente: alguém perde uma parte de si, essa parte é manipulada por outro, e o resultado é uma fragmentação profunda da identidade espiritual.

Dissolver clones criados por magia negativa requer um processo cuidadoso e, muitas vezes, multidisciplinar. O primeiro passo é o diagnóstico correto — geralmente feito por médiuns treinados ou terapeutas espirituais experientes, que conseguem identificar a presença do clone, sua natureza e seu vínculo com o magista. Em seguida, é necessário cortar os cordões energéticos que ligam a duplicata ao operador. Isso pode ser feito com passes magnéticos, comandos verbais, rituais de banimento, uso de símbolos sagrados ou invocações de proteção. Após o rompimento, o clone pode ser dissolvido — seja por transmutação, seja por reintegração, dependendo de sua origem e natureza.

Contudo, o trabalho não termina aí. O mais importante é selar a brecha que permitiu a intervenção. Isso exige uma revisão profunda da vida emocional, mental e espiritual da vítima. Quais atitudes, pensamentos ou sentimentos abriram espaço para a manipulação? Onde houve negligência consigo mesmo? Quais pactos, conscientes ou inconscientes, permitiram o acesso? Só quando essas questões forem respondidas e transformadas é que a proteção se tornará efetiva.

A magia negativa se alimenta do medo, da ignorância e da culpa. Mas quando a luz da consciência é acesa, ela perde seu poder. O clone astral criado por intenções malignas é apenas uma sombra que depende da continuidade da escuridão para sobreviver. E quando o ser decide olhar para dentro, assumir sua soberania e recuperar sua inteireza, não há feitiço que o detenha. Pois a alma desperta, amparada por sua essência divina, é o maior escudo contra qualquer artifício das trevas. O clone se desfaz. O laço se rompe. E o ser retorna ao centro de sua própria luz.

Capítulo 14
Vínculo Energético

As conexões sutis que interligam todos os seres formam uma teia invisível de energia em constante fluxo, onde cada pensamento, emoção ou ato cria ressonâncias que ecoam além do plano físico. Dentro dessa realidade vibracional, nenhuma criação energética existe de forma isolada. Toda manifestação gerada por um ser, inclusive os clones astrais, permanece ligada à sua origem por um cordão vibratório que atua como canal dinâmico de influência mútua. Esse vínculo energético não apenas mantém a existência do clone como também estabelece uma via de retroalimentação entre criador e criação, permitindo a troca contínua de impressões, informações e padrões emocionais. A duplicata astral, portanto, nunca é um ente totalmente autônomo: ela pulsa com a energia do original, influencia e é influenciada, afetando diretamente a vitalidade, o equilíbrio psíquico e a trajetória espiritual de quem a gerou.

Essa ponte energética funciona como um circuito onde o fluxo não cessa — e quanto mais intenso for o vínculo, maior será a interferência. O clone, ao acessar frequências densas no plano sutil, atua como um condutor dessas vibrações, retransmitindo ao original conteúdos emocionais e psíquicos que muitas vezes se manifestam como angústias sem causa aparente, sintomas físicos inexplicáveis ou pensamentos intrusivos. A pessoa pode sentir-se exaurida, confusa ou emocionalmente vulnerável sem entender que está sendo impactada por um reflexo dissociado de si mesma. Esse fenômeno se intensifica quando há correspondência vibracional, ou seja, quando o indivíduo continua nutrindo, mesmo inconscientemente, os estados emocionais ou padrões mentais que originaram o clone. A ligação entre ambos se torna, assim, um campo fértil para a manutenção de ciclos repetitivos de sofrimento ou estagnação, onde o passado não resolvido ganha corpo no presente por meio da duplicata ativa.

    Compreender a natureza e o funcionamento desse vínculo é essencial para iniciar o processo de cura e libertação. Não se trata de uma ligação estática, mas de um fluxo que pode ser enfraquecido, purificado ou dissolvido por meio da mudança de frequência vibracional do ser. Quando o indivíduo eleva sua consciência, transforma seus padrões emocionais e assume a responsabilidade por seu campo energético, o cordão que sustenta o clone começa a perder força. Técnicas espirituais e terapêuticas — como meditações de reconexão, apometria, limpezas energéticas ou rituais de reintegração — são recursos eficazes para atuar sobre essa conexão, mas é a decisão interior de resgatar a totalidade do ser que realmente rompe o ciclo. O vínculo energético, em última instância, é um reflexo do estado interno do criador. Ao restaurar a integridade vibracional e a coerência entre pensamento, emoção e ação, o ser se desvincula da duplicata que já não expressa sua verdade atual, abrindo espaço para uma presença mais lúcida, centrada e soberana.

É através desse vínculo que o clone se alimenta, que influencia, que ressoa no corpo e na mente da pessoa. E é por esse mesmo vínculo que os efeitos de suas ações retornam ao criador. O laço energético, em sua essência, é ambíguo: é o que dá vida ao clone, mas também o que o mantém atado. Enquanto esse cordão vibracional permanecer íntegro, o clone astral nunca será uma entidade verdadeiramente separada — estará sempre agindo como uma extensão do campo do hospedeiro, interferindo silenciosamente em suas dinâmicas internas.

Muitas tradições esotéricas falam da existência de cordões sutis entre os corpos: o famoso cordão de prata, por exemplo, conecta o corpo físico ao corpo astral durante os desdobramentos conscientes ou durante o sono. Da mesma forma, existe um tipo de ligação energética que conecta um clone astral à sua origem. Essa ligação não é necessariamente visível por todos, mas médiuns experientes ou clarividentes treinados conseguem percebê-la como um fio de luz (em casos neutros ou positivos), ou como um cordão escuro, espesso, às vezes pulsante, em casos em que o clone atua de maneira obsessiva ou parasitária.

Esse cordão não é apenas uma estrutura passiva. Ele transporta energia vital, emoções e até imagens mentais. Quando o clone é ativado por alguma razão — seja porque foi invocado, alimentado por pensamentos recorrentes, ou mesmo por interferência de terceiros —

o vínculo se intensifica. A vítima sente imediatamente os reflexos: pensamentos obsessivos, variações bruscas de humor, sensação de perda de energia, confusão mental ou mesmo impulsos estranhos. O clone, por esse cordão, envia de volta ao original tudo o que ele absorve no astral: vibrações do ambiente em que está inserido, ataques de outras entidades, ou mesmo os resíduos de sua própria degeneração energética.

Esse fenômeno pode ser comparado a uma infecção por retroalimentação. Imagine que o clone astral, ao ser exposto a ambientes vibracionalmente densos — como regiões do umbral, locais de sofrimento espiritual ou zonas de atuação de obsessores — começa a captar essas vibrações e, sem barreira adequada, as retransmite para o hospedeiro. A pessoa, então, começa a manifestar sintomas sem causa aparente: ansiedade, insônia, letargia, falta de motivação, pensamentos intrusivos. Em muitos casos, não há entidade obsessora externa diretamente atuante — o que há é o clone servindo de canal de retransmissão vibratória, com o vínculo energético funcionando como condutor.

Esse vínculo, muitas vezes, se forma de maneira inconsciente. Quando uma pessoa cria, mesmo sem querer, uma duplicata energética — seja por trauma, repressão emocional, prática espiritual descuidada ou magia — o cordão se estabelece automaticamente como parte do processo de conexão entre criador e criatura. Esse laço é alimentado por afinidade vibracional: quanto mais a pessoa pensa ou sente na frequência que gerou o clone, mais forte ele se torna. E quanto mais forte o clone, maior sua influência sobre o estado de espírito, saúde e decisões do indivíduo.

Há casos em que o vínculo se manifesta por sintomas físicos localizados. Algumas pessoas relatam sentir pressão constante em determinada região do corpo — como a nuca, a base da coluna, o estômago ou o peito — que não possui causa clínica identificável. Em sessões espirituais, ao investigar a causa, descobre-se que ali está ancorado o ponto de ligação do clone astral com o corpo energético da vítima. Em outras ocasiões, o vínculo se manifesta em sonhos recorrentes com um "duplo", um "outro eu" que aparece tentando assumir o controle, competir, guiar ou seduzir. Essas experiências oníricas não são apenas simbolismo: são manifestações reais da troca de impressões e interferências entre o clone e o original através do laço energético.

Romper esse vínculo é um passo crucial na dissolução do clone astral. Contudo, não se trata de um corte físico ou mecânico — é um processo multidimensional que envolve liberação emocional, reconfiguração energética e resgate da autoridade espiritual. O primeiro movimento é interromper o fluxo de energia que sustenta a conexão. Isso se dá através da mudança de padrão vibratório: sair da frequência que originou o clone. Se ele foi gerado por medo, é preciso cultivar coragem; se nasceu da raiva, desenvolver compaixão; se foi sustentado por desejo reprimido, buscar a integração do impulso de forma consciente e construtiva.

O segundo passo é a limpeza do canal de ligação. Técnicas como apometria, passes magnéticos, banhos energéticos, defumações, cristalterapia e meditações específicas podem ajudar a purificar o cordão, enfraquecendo sua capacidade de interferência. É nesse ponto que muitas escolas espiritualistas aplicam "selamentos" ou "escudos vibratórios" — formas de impedir que o clone continue a captar ou enviar energia ao original. É como se colocássemos uma válvula ou um filtro espiritual no elo que conecta os dois.

Há o rompimento definitivo. Esse rompimento não ocorre à força. Ele é resultado de uma decisão profunda da alma: a de encerrar o ciclo, reintegrar o fragmento ou dissolvê-lo. Em muitos casos, ao enfraquecer o vínculo, o clone perde sua fonte de sustentação e simplesmente se dissipa. Em outros, é necessário um ato de reintegração simbólica, onde o indivíduo acolhe o que foi projetado e o traz de volta ao coração. O ritual, neste caso, pode envolver visualizações, afirmações, resgates astrais ou práticas xamânicas. A chave é a intenção clara de fechar a ponte, encerrar a duplicação e recuperar a soberania sobre o próprio campo.

No entanto, é preciso estar atento: vínculos energéticos podem tentar se restabelecer se o padrão emocional original não for transformado. É por isso que o trabalho com clones astrais exige compromisso contínuo com o autoconhecimento, com a higiene psíquica e com a vigilância vibracional. O rompimento do vínculo não é um fim em si, mas o início de um novo estado de presença — onde a energia antes perdida em duplicações e fragmentos retorna ao centro, fortalecendo o ser.

Em última análise, o vínculo energético que sustenta um clone astral é um reflexo da ligação do ser consigo mesmo. Quando estamos em paz, íntegros, conscientes e amorosos, não há brechas para duplicações. Mas quando nos fragmentamos, abrimos espaço para que partes nossas se desloquem e se transformem em agentes autônomos de interferência. A consciência desse processo é o primeiro passo para sua transcendência. E ao romper o vínculo com o que já não nos representa, abrimos caminho para a reintegração com a essência — onde nenhum clone é necessário, porque a luz interior brilha sem distorções.

Capítulo 15
Drenagem Vital

A drenagem vital provocada por clones astrais revela-se como uma das formas mais silenciosas e, ao mesmo tempo, mais corrosivas de desgaste energético que um ser pode experimentar. Trata-se de um processo constante e invasivo, em que a duplicata astral, ligada ao campo do criador, passa a atuar como uma extensão faminta, sem autonomia energética própria, que se alimenta diretamente da força essencial de quem a gerou. A existência do clone depende desse suprimento contínuo de energia vital, o que transforma o vínculo entre ambos em uma rota de escoamento energético, que compromete gradualmente a integridade física, emocional e espiritual da pessoa. O corpo começa a mostrar sinais de esgotamento, a mente se embaralha em neblinas cognitivas, e a alma parece se afastar do comando do próprio veículo, criando uma sensação constante de vazio e enfraquecimento.

Esse fenômeno não se limita a uma percepção subjetiva de cansaço. Ele atua sobre estruturas sutis fundamentais à sustentação da vida — como os chakras, os meridianos e o campo áurico —, comprometendo funções biológicas, psíquicas e espirituais. A energia vital, base de todo equilíbrio, passa a ser desviada, drenada por uma presença que não é externa nem estranha, mas sim uma réplica vibracional criada em um momento de ruptura interior. Muitas vezes, o próprio indivíduo desconhece que carrega consigo essa duplicata, e, por isso, busca explicações convencionais para sintomas que persistem, mesmo com repouso, medicação ou cuidados físicos. O clone, ao permanecer ativo, atua como uma rachadura por onde escapa o prana, reduzindo a capacidade de regeneração, resistência emocional e conexão espiritual.

Em sua atuação, o clone pode agir como um verdadeiro sabotador do sistema energético, instalando-se em centros específicos e drenando suas funções essenciais. Isso provoca não apenas a queda da energia disponível, mas também a distorção da percepção da realidade, bloqueios existenciais e a perda do sentido de direção. A pessoa se sente desmotivada, sem ânimo, incapaz de manter uma rotina equilibrada ou de tomar decisões assertivas. A vitalidade se transforma em peso, e o fluxo da vida parece paralisado. A profundidade desse desgaste reflete a natureza simbiótica da ligação entre clone e criador: quanto mais denso o campo emocional que o gerou, mais resistente e exigente se torna a duplicata. Reverter essa drenagem exige mais do que simples práticas de proteção — exige o resgate da soberania interior, a interrupção consciente do fornecimento energético ao clone e a reintegração ou dissolução definitiva dessa extensão. Só então, a energia vital volta a circular com plenitude, devolvendo ao ser a leveza, a clareza e o comando sobre sua própria existência.

A energia vital — também chamada de prana, chi ou força etérica, conforme diferentes tradições — é o combustível invisível que sustenta não apenas a saúde física, mas também o equilíbrio mental e a estabilidade emocional. Ela circula por canais sutis, abastecendo chakras, órgãos e estruturas do corpo energético. Quando essa energia é desviada ou sugada por uma entidade externa ou por uma criação semi-autônoma como o clone astral, o corpo e a mente entram rapidamente em colapso. Os primeiros sintomas são sutis: fadiga constante, sono não reparador, dificuldade de concentração, baixa imunidade, dores musculares difusas, sensação de peso nos ombros ou na nuca, entre outros.

Em fases mais avançadas, a drenagem vital pode levar a quadros de depressão profunda, doenças autoimunes, colapsos nervosos e até estados de dissociação. A medicina tradicional costuma diagnosticar esses sintomas como estresse crônico, síndrome da fadiga, depressão ou ansiedade, sem suspeitar que, por trás do desequilíbrio bioquímico, pode estar atuando uma duplicata astral que consome silenciosamente a energia da pessoa, dia após dia.

O modo como o clone astral realiza essa drenagem é diretamente proporcional à sua complexidade e à densidade do vínculo energético. Clones mais simples, formados por emoções intensas e momentâneas, funcionam como pequenos vampiros energéticos — sugando energia em momentos específicos, como durante um sonho perturbador, uma crise emocional ou uma queda vibracional. Já clones mais complexos, formados por traumas antigos ou por manipulações mágicas externas, operam continuamente, como se fossem ralos abertos no campo energético. Nesse caso, a vítima sente um cansaço que não passa com o descanso, uma apatia que não é explicada por fatores externos e uma sensação de estar "secando" por dentro, como se sua força de vontade estivesse sendo esvaziada lentamente.

A drenagem vital também interfere diretamente nos chakras. O chakra do plexo solar, que regula a autoestima, a vitalidade e o senso de poder pessoal, é geralmente o mais afetado. Clones que se ancoram nesse centro causam perda de iniciativa, bloqueios na realização de metas e sensação constante de incapacidade. O chakra cardíaco, por sua vez, pode ser atingido quando o clone carrega traumas afetivos ou memórias de rejeição. Nesse caso, a pessoa sente dificuldade em amar, manter relacionamentos saudáveis ou mesmo se conectar com a própria essência. O chakra coronário, responsável pela conexão espiritual, também pode sofrer interferência, principalmente quando o clone foi criado para bloquear a expansão da consciência. A pessoa passa a duvidar de sua espiritualidade, sente-se desconectada de sua fé e entra em ciclos de vazio existencial.

Outro aspecto importante da drenagem energética causada por clones astrais é o impacto sobre o sono. Durante o repouso, quando o corpo físico está desligado das funções conscientes, o campo energético se expande e o corpo astral se projeta naturalmente. É nesse momento que o clone astral se torna mais ativo. Ele pode assumir parte da energia do corpo astral projetado, levando-o para regiões vibratórias densas, provocando sonhos agitados, paralisia do sono, sensação de queda ou perseguição. Quando o indivíduo retorna ao corpo físico, em vez de sentir-se revigorado, acorda ainda mais cansado, com dores, com sensação de peso e, por vezes, com lapsos de memória ou perturbações psíquicas leves.

Em situações extremas, a drenagem vital pode abrir espaço para doenças espirituais mais graves. O enfraquecimento do campo energético torna o indivíduo vulnerável a larvas astrais, obsessores e outras entidades parasitárias. O clone, ao sugar energia, cria verdadeiras "rachaduras" na aura, por onde outros seres se aproveitam para se instalar. Isso explica por que muitos casos de possessão espiritual ou obsessão profunda estão associados à existência prévia de um clone astral ativo, funcionando como porta de entrada para uma infestação vibracional.

A reversão desse quadro começa com a identificação do problema. Reconhecer que há uma drenagem energética anormal é o primeiro passo. Técnicas de sensibilidade espiritual — como leitura da aura, radiestesia, apometria ou mesmo escaneamento energético por médiuns — ajudam a localizar a origem do vazamento. Uma vez identificado o clone astral como agente drenador, é preciso iniciar um processo de desligamento e purificação. Isso pode envolver várias abordagens: banhos com ervas como arruda, alecrim e guiné; defumações com sálvia branca, incenso de mirra ou resinas específicas; sessões de passes energéticos, reiki, alinhamento dos chakras e comandos apométricos de desprogramação.

Contudo, a dissolução do clone só será eficaz se for acompanhada da transformação interna da vítima. Isso porque o clone se alimenta não apenas da energia vital, mas dos padrões emocionais que o mantêm vivo. Se a pessoa continuar vibrando em medo, raiva, culpa ou desejo de fuga, ela continuará nutrindo o clone, mesmo após rituais de limpeza. É preciso resgatar a vontade, fortalecer a autoestima, cultivar pensamentos elevados e, acima de tudo, retomar o comando da própria vida. A presença de um clone é um indicativo de que algo dentro do ser foi deixado à deriva. E a cura passa por resgatar esse território interno, selar suas fronteiras e reafirmar a soberania da alma sobre sua própria energia.

Além disso, é essencial criar um ambiente vibracional que favoreça a regeneração energética. Isso envolve práticas cotidianas simples, como dormir em um quarto limpo, arejado e protegido espiritualmente (com cristais, mantras, orações ou símbolos de proteção); evitar o consumo excessivo de conteúdos negativos (noticiários, filmes de terror, músicas de baixa frequência); cultivar relacionamentos saudáveis e praticar o silêncio interior. A energia vital não é apenas um recurso — ela é um reflexo da harmonia entre corpo, mente e espírito. Quando o ser está em alinhamento, a energia circula livremente. Quando há ruptura, o fluxo é interrompido e os vazamentos surgem.

É importante lembrar que nenhum clone astral se sustenta sem permissão — mesmo que inconsciente. O cordão energético que alimenta essa entidade é um espelho da própria desconexão do indivíduo com sua essência. Ao restabelecer essa conexão, ao voltar-se para dentro com honestidade e amor, o fluxo natural de energia se restabelece. O clone, então, perde força, se dissolve ou é reintegrado, e a vitalidade retorna com força renovada. O cansaço dá lugar à leveza. A apatia se transforma em motivação. E a alma, por fim, volta a habitar plenamente o corpo, sem partilhas, sem sombras, sem duplicatas. Apenas ela — inteira, viva e livre.

Capítulo 16
Influência Mental

No cenário das interações entre planos sutis e consciência humana, o campo mental surge como um território vulnerável a influências que operam além da percepção ordinária. Entre essas forças ocultas, o clone astral destaca-se como um agente psíquico dotado de habilidade para mimetizar a individualidade, interferindo profundamente na integridade mental e emocional do ser. Atuando a partir do plano astral, esse duplicado energético não apenas reflete aspectos do indivíduo, mas também os manipula, distorcendo pensamentos, emoções e percepções de maneira tão sutil quanto penetrante. Seu poder de influência não se limita a sugestões ou inspirações passageiras, mas alcança um nível de simbiose com o campo psíquico da pessoa, moldando seus estados mentais com precisão quase cirúrgica.

Essa forma de interferência estabelece-se por meio de uma ligação vibracional que permite ao clone acessar e alterar os fluxos internos da mente original. Ele se insere nas tramas invisíveis onde se entrelaçam memórias, desejos, medos e crenças, tornando-se uma presença quase indetectável, mas intensamente operante. Diferente de forças externas que tentam influenciar de fora para dentro, o clone astral infiltra-se no núcleo da psique, disfarçando-se de pensamento legítimo, sentimento espontâneo ou insight revelador. A mente, sob essa influência, passa a apresentar comportamentos paradoxais, oscilações emocionais sem causa aparente e uma sensação constante de desalinhamento interno, como se algo estivesse deslocado ou artificial no modo de pensar e sentir.

Essa influência se intensifica nos momentos em que a consciência se afasta da vigilância ativa, como durante estados de fadiga, estresse, melancolia ou excesso de estímulo mental. Nesses momentos, o clone se aproveita da fragilidade vibracional para semear conteúdos que confundem e obscurecem o discernimento. A atuação do clone astral, portanto, é silenciosa, persistente e estratégica, e muitas vezes passa despercebida por aqueles que não possuem uma prática constante de auto-observação e higienização mental. Compreender sua existência e reconhecer seus sinais de manifestação é um passo crucial para retomar o comando da própria mente e restaurar o equilíbrio interno, pois somente com consciência é possível neutralizar uma presença que se alimenta da desatenção e da ignorância sobre si mesmo.

É necessário compreender que o campo mental humano não se resume ao pensamento lógico e racional. Ele é um conjunto de camadas interativas que envolvem crenças, memórias, arquétipos, impulsos e, sobretudo, frequências vibratórias. A mente é um espaço onde diferentes vozes disputam a primazia da consciência, e é nesse teatro silencioso que o clone astral atua com maestria. Por estar conectado ao campo psíquico da pessoa, o clone torna-se um transmissor e amplificador de conteúdos mentais, muitos deles desarmônicos. Sua existência cria um eco interno — uma duplicação da vontade que, embora pareça oriunda do próprio indivíduo, na verdade, é fruto da atuação do duplo.

O primeiro sintoma perceptível dessa influência é a intensificação de padrões negativos de pensamento. Aquilo que antes era apenas uma dúvida tímida transforma-se em uma convicção paralisante. Uma insegurança comum cresce e se converte em medo crônico. Uma mágoa do passado se agiganta, tornando-se um ressentimento ácido que consome a energia emocional do presente. O clone astral, nesse cenário, age como lente distorcida que amplia o que há de mais sombrio dentro do psiquismo humano. Ele ressoa com as frequências da dor, da culpa, do medo e da raiva, replicando esses sentimentos em ondas, até que o indivíduo se veja dominado por emoções que não compreende completamente.

Por estar ancorado no plano mental, o clone tem acesso direto aos pensamentos da pessoa. E mais do que isso: ele pode gerar pensamentos. Essa é uma das facetas mais alarmantes da influência mental exercida por clones astrais. Diferente de um obsessor externo, que insinua ideias através de aproximação vibracional, o clone astral emite pensamentos de dentro para fora, como se fossem nativos da mente da vítima. A diferença entre pensamento autêntico e pensamento induzido torna-se então quase impossível de perceber. A pessoa passa a escutar, dentro de si, vozes sutilmente diferentes de sua habitual consciência — às vezes depreciativas, outras vezes sedutoras, mas invariavelmente desviantes de seu eixo original.

Esse mecanismo é amplamente relatado em atendimentos terapêuticos e espiritualistas. Indivíduos que afirmam ter pensamentos intrusivos — de autodestruição, de violência, de abandono ou de fuga — frequentemente se surpreendem ao descobrir que tais ideias não surgiram espontaneamente, mas foram reforçadas pela atuação contínua de um clone astral. Em alguns casos, esses pensamentos são acompanhados de imagens mentais vívidas, quase alucinatórias, que surgem nos momentos de vulnerabilidade emocional, como durante o sono, meditação ou estados alterados de consciência. O clone, nessa atuação, não apenas sussurra, mas pinta cenários mentais inteiros, criando realidades paralelas onde a pessoa se vê em situações de derrota, humilhação ou desamparo.

Outro efeito notável é a alteração temporária de traços da personalidade. Pessoas que, normalmente, são calmas e pacíficas, podem apresentar explosões de ira desproporcionais. Indivíduos gentis e amorosos podem tornar-se subitamente frios, cínicos ou manipuladores. Esses episódios não se sustentam no tempo, mas deixam um rastro de culpa e perplexidade, pois a pessoa, ao recobrar o controle, sente-se como se tivesse sido "possuída" por uma versão distorcida de si mesma. E, de certo modo, foi. O clone astral, ao assumir o comando da emissão de certos pensamentos, consegue modular estados emocionais e comportamentais com grande eficácia, principalmente quando encontra um campo vibracional propício — ou seja, quando a vítima está em baixa energética.

Essa interferência pode atingir níveis extremos. Há relatos de pessoas que, sob a influência de clones astrais, passaram a duvidar de sua sanidade mental. O clone age como uma sombra interna que questiona constantemente as decisões, sabota iniciativas e distorce memórias. A vítima passa a sentir que não consegue mais confiar em seus próprios sentimentos, como se estivesse sendo espionada por dentro. Esse tipo de fragmentação da confiança psíquica é uma das formas mais graves de influência mental, pois abala os alicerces do eu. A mente, que deveria ser o bastião da autonomia e do discernimento, torna-se um campo de batalha onde o original e o clone disputam o comando das ideias.

Em contextos mais complexos, principalmente quando o clone foi programado por terceiros (como em casos de magia negativa ou obsessão sofisticada), ele pode ser instruído a inserir ideias específicas na mente da vítima. Por exemplo, pode induzir ao isolamento, sugerindo que todos à volta são hostis. Pode criar uma compulsão por comportamentos autodestrutivos, como vícios, procrastinação extrema, sabotagem de relações ou abandono de oportunidades importantes. A mente, então, transforma-se em um labirinto onde cada saída parece levar de volta ao ponto de origem, perpetuando o ciclo de sofrimento.

Contudo, o clone astral não se limita apenas a reforçar aspectos negativos. Em algumas situações, ele simula pensamentos positivos, com o intuito de criar distrações ilusórias. O indivíduo passa a se enganar, acreditando estar evoluindo espiritualmente, quando, na verdade, está sendo afastado do verdadeiro propósito. É a ilusão da iluminação — um dos mais sofisticados truques do plano astral inferior. O clone, nesse caso, elogia, acaricia, inflama o ego e faz com que a pessoa se sinta especial de maneira artificial, impedindo-a de reconhecer suas reais necessidades de crescimento. Essa atuação mascarada é comum em pessoas que lidam com espiritualidade de forma superficial ou que têm sede de poder sem preparo ético.

Identificar a atuação mental de um clone astral exige uma escuta interna apurada e uma constante auto-observação. O primeiro sinal de alerta é o surgimento de pensamentos recorrentes que destoam do padrão habitual do indivíduo. Em segundo lugar, devem ser observados os pensamentos que surgem com intensidade emocional desproporcional: se uma ideia vem acompanhada de um surto de raiva, medo ou tristeza intensa, é possível que não seja apenas um pensamento próprio. Também é importante notar se há contradições internas marcantes — como desejar algo e, em seguida, ter um impulso automático de sabotar esse desejo.

O processo de libertação dessa influência começa com o reconhecimento: entender que nem tudo o que pensamos é genuinamente nosso. Essa simples constatação já começa a desativar o poder do clone. Em seguida, é necessário reestabelecer o centro de comando mental, através de práticas como meditação, afirmações conscientes, oração, journaling (escrita reflexiva) e, quando necessário, intervenções espirituais específicas. A prática da atenção plena — estar presente no agora —

é uma ferramenta poderosa, pois impede que o clone atue nos automatismos da mente inconsciente.

Outra etapa fundamental é o resgate da vontade. O clone se aproveita dos momentos em que a vontade da pessoa está enfraquecida, confusa ou adormecida. Reforçar a capacidade de escolher, de dizer "sim" e "não" com clareza, de se comprometer consigo mesmo, é o caminho para reassumir o trono da própria consciência. Em muitas tradições esotéricas, a vontade é o ponto de poder da alma — e fortalecê-la é como reacender o sol interior que dissipa as sombras.

Importa também limpar o campo mental de resíduos vibracionais. Pensamentos têm forma e, ao longo do tempo, formam nuvens psíquicas em torno da pessoa. Quando essas nuvens estão densas, o clone encontra um ambiente fértil para se manifestar. Técnicas como visualização de luz violeta sobre a mente, mantras de limpeza e uso de símbolos sagrados atuam como neutralizadores dessas miasmas mentais. O objetivo é restaurar a frequência original da mente, devolvendo-lhe a clareza, a paz e o discernimento.

O clone astral, quando privado da possibilidade de influenciar mentalmente, perde grande parte de seu poder. Por isso, mais do que tentar destruí-lo diretamente, muitas vezes o mais eficaz é retirar-lhe o palco. Ao reconhecer a própria mente como um templo sagrado e torná-la intransponível para vozes estranhas, o ser se blinda contra a invasão silenciosa do duplo. E, com o tempo, o que parecia um adversário interno revela-se apenas como um eco que já não encontra mais ressonância. A mente se acalma. A vontade se firma. A essência retoma o comando. E o clone, silenciado por ausência de alimento, dissolve-se como um sonho esquecido ao amanhecer.

Capítulo 17
Parasita Astral

Nas regiões mais densas do plano astral, surgem formas de vida sutis que não apenas coexistem com a energia humana, mas a consomem como meio de sobrevivência, estabelecendo conexões simbióticas distorcidas com o campo energético de suas vítimas. Essas entidades, oriundas da degeneração de construções psíquicas criadas pelo próprio indivíduo, transcendem a função original de duplicatas vibracionais e assumem um papel destrutivo e autônomo. Um clone astral, quando perde completamente sua sintonia com a matriz energética que o originou, adquire características que o aproximam de uma consciência rudimentar e predatória. Deixa de ser apenas uma extensão deformada da identidade emocional ou mental de alguém e passa a operar como um parasita astral: uma entidade que se ancora no campo sutil e passa a alimentar-se diretamente da vitalidade da pessoa, provocando desequilíbrios profundos em diferentes níveis do ser.

Esse processo de transformação não ocorre de maneira abrupta, mas por meio de uma série de eventos vibracionais que tornam o clone progressivamente mais denso, mais resistente à dissolução natural e menos influenciável pela consciência do criador. Ao longo do tempo, ele desenvolve um instinto quase animal, guiado unicamente pela busca de sustento energético. A partir dessa fase, o clone não apenas reproduz padrões emocionais negativos, como os intensifica, realimenta e perpetua, buscando pontos frágeis no campo energético do hospedeiro para se fixar com mais eficiência. Sua presença tende a ser sutil no início, mascarada por sintomas comuns do cotidiano, mas vai se acentuando à medida que encontra brechas no estado emocional, espiritual ou mental do indivíduo, infiltrando-se como uma presença constante e silenciosa, mas de efeito cumulativo.

O parasita astral, oriundo dessa mutação vibracional, é mestre em camuflagem e manipulação, operando com a inteligência instintiva típica das formas de vida mais simples, porém com grande eficácia no mundo sutil. Ele conhece as vibrações do hospedeiro porque nasceu delas; compreende as fragilidades emocionais porque delas se nutriu; explora as brechas psíquicas porque foram seu berço. Sua atuação não visa o mal em si, mas a perpetuação de sua existência, o que o torna especialmente perigoso, pois age sem culpa, sem moral e sem remorso, operando exclusivamente em função da sobrevivência energética. Ao compreender essa dinâmica, torna-se possível desvendar os sinais de sua presença, não como manifestações externas aleatórias, mas como alertas internos de que algo criado pela própria psique saiu do controle e passou a exercer domínio sobre o campo de energia pessoal. Esse reconhecimento marca o início do processo de libertação, exigindo não apenas limpeza energética, mas, sobretudo, um profundo trabalho de reintegração e cura interior.

A transição de clone para parasita não é súbita, mas gradual. No início, o clone ainda mantém algum grau de sintonia com seu gerador, orbitando emoções específicas, pensamentos recorrentes ou desejos reprimidos. Contudo, com o passar do tempo — e principalmente na ausência de vigilância espiritual e emocional — ele adensa-se, densifica-se, autonomiza-se e rompe os laços de identidade. Torna-se algo distinto, embora conectado, e esse "algo" tem sede. A energia vital que outrora fluía espontaneamente para a manutenção da vida, agora é capturada por tentáculos invisíveis que se prendem ao duplo sombrio.

Diferente de entidades espirituais externas, como obsessores ou espíritos perturbadores, o clone parasitário tem a vantagem — ou melhor, a armadilha — de carregar a mesma assinatura vibracional da vítima. Isso torna sua identificação mais difícil e sua influência mais eficaz. Ele se camufla na própria aura, adapta-se às oscilações do campo emocional, responde aos impulsos mentais como se fosse parte do sistema original. Mas em sua essência, já não é mais um "eu" distorcido. É um "não-eu" que parasita o ser, e que se fortalece com cada colapso emocional, cada pensamento de culpa, cada atitude de autossabotagem.

O comportamento típico de um parasita astral criado a partir de um clone é caracterizado por ciclos de intensificação e recuo. Em determinados períodos, a vítima sente-se relativamente bem, como se o problema tivesse desaparecido. Em outros momentos, especialmente após vivências emocionalmente desgastantes, o parasita se manifesta com força: exaustão repentina, desânimo sem causa aparente, bloqueios criativos, falta de memória, apatia, sensação de peso nos ombros, dores sem explicação médica e pensamentos que sabotam qualquer tentativa de progresso espiritual ou material.

Uma das regiões prediletas para fixação desses parasitas é o plexo solar — centro energético responsável pela identidade pessoal, pela vontade e pela ação no mundo. Quando um clone parasitário se ancora ali, é comum que o indivíduo experimente perda de autoestima, sensação de desvalorização e uma crença persistente de que não é capaz ou merecedor. A alimentação se dá através da drenagem contínua das energias de realização e entusiasmo, criando uma espécie de "vácuo" na alma, onde os sonhos parecem distantes e o prazer de viver torna-se pálido.

Outro ponto de ataque frequente é o chakra cardíaco. Quando o parasita estabelece conexão nessa região, ele interfere nas emoções mais profundas, especialmente no amor-próprio e na capacidade de conexão com o outro. A vítima pode passar a sentir-se indigna de afeto, mergulhar em solidão ou desenvolver um medo irracional de abandono. As relações afetivas tornam-se frágeis, muitas vezes contaminadas por ciúmes, desconfiança ou bloqueios afetivos que não condizem com a realidade, mas que são alimentados pelo próprio campo emocional manipulado pela presença parasitária.

O parasita astral derivado de um clone também pode atuar no campo mental, gerando ruídos e distorções de pensamento. Ele estimula a ruminação, a autocobrança excessiva, o perfeccionismo patológico e, em casos mais avançados, leva à paralisação mental. A mente entra em um ciclo de ideias circulares, onde não há saída lógica ou emocional — apenas repetição. O ser pensa, repensa, afunda-se em dúvidas e, no fim, não age. A paralisia da vontade é o objetivo do parasita, pois é nesse estado que ele mais facilmente se alimenta, ao sugar a energia contida nas frustrações e nos desejos não realizados.

Importante destacar que o clone astral parasitário pode ter várias "bocas" energéticas: pontos de fixação que se distribuem ao longo da aura e dos corpos sutis. Em certos casos, o campo da pessoa se parece com uma rede de conexões onde cada ponto está sendo sugado por uma parte do clone fragmentado. O indivíduo passa a viver uma espécie de vazamento constante de energia, com os sintomas se alternando entre físico, emocional e mental, o que torna o diagnóstico espiritual ainda mais desafiador.

A presença de um parasita astral gerado a partir de um clone também pode provocar alterações nos ciclos de sono. O indivíduo pode relatar sonhos recorrentes com perseguições, visões de duplos obscuros, sensações de sufocamento ou de ter o corpo puxado por algo invisível durante o sono. Pode acordar no meio da noite com taquicardia, suando frio, com a sensação de que algo o observava ou o tocava. Esses fenômenos indicam que o parasita atua com mais intensidade durante o desdobramento natural do sono, quando os mecanismos de defesa do ego estão relaxados e o campo astral da pessoa está mais exposto.

Do ponto de vista esotérico, esse tipo de parasita possui inteligência limitada, mas astúcia vibracional. Ele sabe como se manter, o que precisa para sobreviver e onde se esconder no campo do hospedeiro. Não se trata de uma entidade maligna no sentido tradicional, pois não tem uma agenda de maldade — sua única motivação é a sobrevivência. Mas isso o torna ainda mais perigoso, pois ele agirá incessantemente para garantir sua permanência, mesmo que isso custe a vida psíquica, emocional ou até física do seu hospedeiro.

Combater esse tipo de parasita exige uma abordagem integral. A primeira medida é a identificação. Técnicas como varredura mediúnica, leitura energética com cristais, uso de radiestesia ou sessões de apometria são eficazes para localizar os pontos de fixação. Uma vez identificado, o processo de limpeza deve ser iniciado. Limpezas espirituais com ervas, cristais, banhos de descarrego e defumações são eficazes para desalojar a entidade dos pontos de ancoragem. Passes magnéticos, aplicação de reiki, orações específicas e comandos apométricos são recursos importantes no processo de extração vibracional do parasita.

No entanto, nenhuma limpeza externa será duradoura se o campo vibracional da pessoa não for reajustado internamente. O parasita só encontra morada onde há ressonância com a dor, o medo, o ódio, a culpa e a negação. Por isso, o processo de cura passa, obrigatoriamente, por um mergulho de autoconhecimento. Terapias regressivas, constelações familiares, psicoterapia, meditações profundas e práticas de perdão são ferramentas valiosas para sanar as feridas que alimentam o parasita. O objetivo é eliminar os "alimentos vibracionais" que o sustentam, cortando sua fonte de energia.

Além disso, é necessário selar os campos energéticos, impedindo a reinserção da entidade ou a formação de novos clones parasitários. Técnicas de blindagem energética com visualizações, criação de campos de luz, uso de mantras e símbolos sagrados, bem como a consagração de amuletos pessoais, ajudam a manter a aura íntegra e inacessível. A manutenção da vibração elevada através de práticas espirituais regulares, gratidão, contato com a natureza e boa alimentação energética (incluindo música, leituras e convivência saudável) completa o processo de proteção.

É fundamental lembrar que todo parasita astral é também um espelho de algo que não foi olhado. Ele se forma a partir daquilo que foi reprimido, rejeitado ou ignorado dentro da própria psique. Ao invés de apenas expulsar, é preciso compreender. O verdadeiro exorcismo é a luz da consciência. Quando nos tornamos inteiros, o que é fragmento não encontra onde se fixar. Quando nos amamos profundamente, o que é sombra não encontra brecha para atuar. E quando nos alinhamos com nossa verdade mais íntima, o que é dissonante simplesmente não ressoa.

O clone astral parasitário é, então, uma oportunidade extrema de despertar. Ele mostra com brutalidade onde estamos desconectados de nossa essência. Cabe a cada um olhar para essa parte de si — ou de sua história — com coragem, compaixão e desejo sincero de cura. Pois só assim, ao iluminar aquilo que foi criado na sombra, é que a liberdade verdadeira se estabelece. E o ser retorna ao seu centro, livre de parasitas, completo em si, senhor absoluto de sua própria luz.

Capítulo 18
Sinais Físicos

A interação entre o corpo físico e os campos energéticos mais sutis revela uma inteligência profunda e sensível, onde cada perturbação vibracional se reflete como um sinal orgânico, muitas vezes ignorado pela mente racional. Quando um clone astral atinge o estágio parasitário, sua atuação não permanece limitada aos domínios invisíveis — ela infiltra-se na estrutura corporal e interfere diretamente na vitalidade do organismo. O corpo, ao perceber essa interferência, começa a emitir alertas em forma de sintomas que desafiam a lógica médica tradicional. Tais sinais não são manifestações isoladas, mas respostas integradas a uma realidade mais ampla, na qual o ser humano é tanto matéria quanto energia, tanto corpo quanto espírito. Ao agir sobre o campo vital, o clone astral desequilibra o fluxo de força essencial, criando brechas por onde se instala o desgaste físico contínuo.

Esse desgaste não ocorre de forma uniforme ou superficial; ele se manifesta com características específicas que denunciam a origem extrafísica do problema. O corpo passa a operar em um estado de compensação permanente, tentando equilibrar os déficits criados pela ação drenante do clone. Nessa tentativa de autorregulação, surgem sintomas persistentes como fadiga inexplicável, distúrbios metabólicos, alterações no ritmo do sono e uma série de desconfortos que os exames clínicos convencionais não conseguem explicar. O campo sutil, sobrecarregado, repercute sobre os sistemas corporais — especialmente os mais sensíveis à energia, como o sistema nervoso, endócrino e imunológico —, tornando o indivíduo mais vulnerável a doenças e estados de confusão mental. Os sinais físicos são, portanto, a última camada de um processo que começa nos planos superiores da existência, onde a influência do clone atua de maneira quase imperceptível, mas devastadora a longo prazo.

Ao reconhecer que esses sintomas não surgem por acaso, mas como expressão de uma interferência energética inteligente e persistente, amplia-se a possibilidade de cura verdadeira. O corpo não é apenas uma vítima passiva dessas forças, mas um aliado que comunica, avisa e orienta. Cada dor sem explicação, cada sensação de peso, cada alteração inexplicável nos ciclos naturais do organismo é um convite ao autoconhecimento e à investigação espiritual. Encarar esses sinais como uma linguagem simbólica — e não apenas como distúrbios a serem suprimidos — permite acessar as causas profundas do desequilíbrio, abrindo caminho para uma restauração integral que vá além do alívio dos sintomas. Assim, compreender os sinais físicos da presença de um clone astral é, antes de tudo, um exercício de escuta interna, de leitura sutil do próprio templo corporal, que clama por reconexão com sua fonte original de luz e vitalidade.

O primeiro sinal e talvez o mais comum é a fadiga crônica. Esse cansaço não cede ao repouso. Mesmo após longas noites de sono, a pessoa desperta sentindo-se mais exaurida do que ao deitar. É como se algo lhe drenasse a força vital durante a noite — e de fato, é exatamente isso que ocorre. A ação do clone, especialmente enquanto a consciência está desdobrada no sono, intensifica sua alimentação energética, utilizando a energia do original para se manter ativo. O corpo, por sua vez, sem receber a reposição energética natural do descanso, começa a operar em déficit, gerando um estado de esgotamento permanente.

Outra manifestação recorrente são as alterações inexplicáveis de peso. Algumas pessoas relatam emagrecimento acelerado sem mudança de dieta ou rotina física, enquanto outras engordam mesmo com alimentação controlada. Esses extremos indicam desequilíbrios no metabolismo energético do corpo, fruto da interferência do clone. O sistema endócrino, que regula as glândulas e hormônios, é especialmente sensível à ação de campos sutis desarmônicos. Quando bombardeado constantemente por frequências distorcidas oriundas de um duplo parasitário, ele entra em disfunção, provocando reações em cadeia que se expressam no ganho ou na perda abrupta de massa corporal.

A palidez súbita, olheiras profundas e aparência de desgaste físico são outros sinais visíveis. O clone astral, ao sugar energia vital, compromete o fluxo prânico — o campo de energia sutil que permeia os sistemas corporais. A pele perde o viço, os olhos parecem apagados, e há uma perda geral do tônus físico. Mesmo em jovens, é possível observar o semblante envelhecido ou abatido, como se algo os estivesse consumindo por dentro. É como se a sombra do clone se projetasse sobre o rosto, conferindo-lhe um aspecto opaco, desprovido da centelha vital.

Sensações localizadas no corpo também são frequentes. Muitos relatam dor ou peso na nuca e ombros, indicando sobrecarga energética ou presença parasitária nessa região. O centro coronário (topo da cabeça) e o centro da nuca (chakra da medula) são locais de acesso utilizados por entidades astrais para inserir comandos ou estabelecer conexões vibratórias. Quando o clone atua ali, é comum a pessoa experimentar dores de cabeça recorrentes, zumbidos nos ouvidos ou pressão na testa. Outros descrevem um frio constante em uma parte específica do corpo, geralmente associado ao local onde o clone ancorou parte de sua presença.

Em algumas situações, surgem sintomas similares aos de doenças físicas, mas que não são confirmadas por exames clínicos. A pessoa pode apresentar palpitações, sudorese, formigamento em membros, tontura e até sintomas de ataque de pânico, sem que haja qualquer origem médica identificável. Esses episódios são normalmente precedidos ou seguidos por sonhos vívidos com perseguições, ambientes sombrios ou encontros com figuras ameaçadoras. Esses sonhos não são apenas produtos da imaginação: são memórias astrais de interações com o clone ou com entidades a ele associadas.

A interferência no sono, aliás, é um dos sinais físicos mais diretos da atuação de um clone astral. A pessoa pode sofrer de insônia inexplicável, acordando várias vezes durante a noite sem motivo aparente. Ou então, sentir como se estivesse sendo puxada do corpo, acordando com sobressaltos ou sensação de queda. Em estados mais avançados de parasitismo, relatam-se casos de paralisia do sono — uma condição em que a mente desperta, mas o corpo permanece imóvel, muitas vezes acompanhada da sensação de presença no quarto. Nesses momentos, o clone se aproxima ou até tenta reassumir o domínio do campo energético da vítima.

Casos mais intensos incluem manifestações visíveis por terceiros. Histórias de bilocação involuntária — quando alguém é visto em dois lugares ao mesmo tempo — são relatos antigos e documentados. Um dos mais célebres é o da professora francesa Émilie Sagée, que, em meados do século XIX, era frequentemente vista em duplicata por seus alunos e colegas. Enquanto ensinava em sala de aula, uma cópia exata sua aparecia realizando os mesmos gestos ou postando-se silenciosamente em outro canto da sala. Após tais eventos, Émilie ficava extremamente debilitada, como se houvesse tido sua vitalidade drenada pelo clone em ação. Esse tipo de fenômeno, embora raro, ilustra com precisão como o clone pode adquirir autonomia suficiente para interagir parcialmente com o mundo físico.

A sensibilidade cutânea também pode ser alterada. Há quem relate coceiras sem causa, sensação de que algo caminha sob a pele, formigamentos ou arrepios constantes em determinadas regiões do corpo, mesmo em ambientes quentes. Esses sinais são interpretados por muitos terapeutas espirituais como manifestações da presença etérica de um ser que se instalou no campo bioenergético. O clone, sendo uma forma altamente sintonizada com a vibração do próprio hospedeiro, não precisa de muito para provocar sensações táteis — basta uma oscilação emocional ou um pensamento negativo para que se intensifique sua ação.

O sistema imunológico também sofre com a drenagem energética. Uma pessoa sob influência de um clone parasitário pode adoecer com mais frequência, apresentar dificuldades de recuperação ou desenvolver quadros de baixa imunidade mesmo sem histórico clínico anterior. O corpo, desprovido da vitalidade espiritual que normalmente lhe reforça a defesa, torna-se vulnerável a invasores físicos. É a materialização do princípio esotérico de que todo desequilíbrio começa nos planos sutis e só depois se manifesta no corpo físico.

Não raramente, o clone pode manifestar-se em fenômenos externos, porém relacionados ao corpo. Espelhos que escurecem em sua presença, reflexos que parecem se mover com atraso, sombras que surgem no campo de visão periférica, ruídos estranhos vindos do quarto durante a madrugada — são acontecimentos relatados com frequência por quem convive com clones astrais avançados. Esses fenômenos não são delírios ou alucinações isoladas, mas sinais de que a atuação do clone está atingindo o limiar entre o sutil e o denso.

Quando o corpo físico começa a manifestar de forma clara a influência do clone, é sinal de que o processo astral já está em estágio avançado. Isso exige intervenção urgente e integral. A simples busca por alívio físico não será suficiente — é necessário ir à raiz espiritual do problema. Os sintomas físicos são apenas o reflexo de um embate mais profundo, travado no plano energético, e apenas ao vencer esse combate é que o corpo poderá se regenerar.

A sabedoria antiga já afirmava que o corpo é o templo do espírito. E como tal, ele reage a qualquer presença estranha que queira instalar-se sem permissão. A dor, a exaustão, os distúrbios são os sinos desse templo, alertando que há um invasor, um desajuste, uma presença que não pertence. Ouvir esses sinos com atenção é o primeiro passo para retomar a soberania sobre o corpo e a alma. E uma vez identificada a causa invisível, é possível então iniciar o processo de purificação e libertação, resgatando a saúde como expressão natural da harmonia interior.

Capítulo 19
Sinais Psíquicos

O domínio psíquico, por sua própria natureza invisível e subjetiva, torna-se o campo mais vulnerável à atuação sutil de inteligências parasitárias como os clones astrais. Não há resistência mais frágil do que aquela que se julga protegida pela familiaridade dos próprios pensamentos. Quando um clone astral se insere nesse território, ele o faz com maestria disfarçada, utilizando-se da assinatura vibracional da consciência original para manipular a mente a partir de dentro. O processo não é percebido como invasão, mas como um desarranjo interno, como se algo estivesse "errado" com a própria pessoa — pensamento que, inclusive, é reforçado pelo próprio clone como estratégia para minar a confiança e o senso de identidade do hospedeiro. É neste cenário que os sinais psíquicos emergem, não como lampejos externos de distúrbio, mas como alterações sutis no fluxo mental, emocional e perceptivo da pessoa, que vão se intensificando à medida que a presença parasitária se consolida.

Inicialmente, as alterações podem se manifestar em forma de confusão mental leve, lapsos de concentração e perda de clareza em tarefas cotidianas. Esses sinais, quando recorrentes e sem explicação prática, já indicam que o fluxo de energia psíquica está sendo interceptado. Com o avanço da atuação do clone, surgem pensamentos autodepreciativos, sensações de inadequação, medo injustificado e episódios de angústia profunda, sem causa direta. Esses conteúdos mentais não são criados pelo indivíduo, mas sim reativados e amplificados pela frequência vibracional do clone, que atua como um catalisador de tudo que está reprimido, não resolvido ou em desequilíbrio dentro do campo psíquico. A sensação de que há uma "presença interna" influenciando decisões, atitudes ou emoções é um alerta importante, ainda que muitas vezes ignorado por receio de parecer irracional. Porém, é justamente nesse ponto que o clone mais atua: na zona cega da mente, onde a dúvida e o medo se entrelaçam com a ilusão de controle.

À medida que o clone se fortalece, a estrutura emocional começa a apresentar instabilidade evidente. Oscilações de humor sem justificativa concreta, dificuldade de se manter em estados vibracionais elevados, sensação de distanciamento da própria essência e perda da capacidade de se emocionar verdadeiramente são indícios de que a alma está sendo, gradualmente, encapsulada em um véu psíquico de interferência. Esse véu impede a expansão da consciência e a conexão com dimensões superiores do ser, isolando o indivíduo em padrões mentais densos e repetitivos. Os pensamentos tornam-se circulares, sempre voltando aos mesmos medos, frustrações e inseguranças. Nesse ponto, o clone já não apenas influencia, mas ocupa o espaço da vontade, dificultando escolhas conscientes e bloqueando iniciativas transformadoras. O ser, então, não pensa apenas o que sente — sente o que o clone o induz a pensar. E essa inversão silenciosa é um dos sinais mais perigosos da dominação psíquica. A única saída é romper esse ciclo com consciência desperta, reativando a soberania interna e reintegrando as partes da mente que foram sequestradas por essa presença disfarçada de familiaridade.

Os sinais psíquicos de que um clone astral está ativo e interferindo na mente de alguém não seguem uma lógica cartesiana. Eles se revelam como quebras de padrão, rupturas do comportamento habitual, fissuras na percepção de si mesmo. Uma das manifestações mais sutis, porém mais graves, é a sensação de alteridade: o indivíduo sente, em certos momentos, que há "alguém mais" dentro de si. Não se trata de uma alucinação literal, mas de uma percepção tênue de que pensamentos e sentimentos surgem de forma autônoma, como se fossem sussurrados por uma consciência paralela. Esse tipo de experiência é frequentemente ignorado ou racionalizado, mas representa um dos sinais mais claros de que há um segundo centro de vontade operando em sintonia com o original.

Além dessa sensação de alteridade, há os pensamentos intrusivos. Estes se manifestam como ideias súbitas, muitas vezes violentas, depressivas ou autodepreciativas, que surgem sem causa aparente e que não condizem com o perfil emocional da pessoa. Um indivíduo calmo pode ser tomado por surtos de raiva inexplicável; uma pessoa otimista pode mergulhar em estados de melancolia profunda do nada; alguém amoroso pode subitamente sentir ódio por entes queridos. Tais impulsos não são fruto de um distúrbio mental no sentido clínico, mas sim do reflexo vibracional da atuação do clone astral, que projeta sobre a mente da vítima os padrões energéticos a partir dos quais foi criado.

O clone, sobretudo quando originado de emoções reprimidas ou traumas não resolvidos, carrega em si uma frequência que magnetiza experiências semelhantes. Ele atrai pensamentos e emoções congruentes com sua natureza. Assim, se ele foi gerado a partir do medo, instiga continuamente situações mentais de insegurança, fobias ou catastrofismo. Se emergiu da raiva reprimida, empurra o indivíduo para estados de agressividade passiva, ressentimento e comportamento explosivo. O mais perigoso é que, como essas emoções já estavam latentes na psique do hospedeiro, sua expressão se dá de forma "natural", dificultando a percepção de que há um agente externo atuando por trás da repetição desses padrões.

Os sonhos também sofrem interferência direta do clone astral. Em geral, os relatos apontam para sonhos com conteúdo repetitivo, cenários escuros, presenças ameaçadoras ou versões distorcidas do próprio sonhador. Um motivo comum nesses sonhos é o encontro com um "gêmeo sombrio" — uma cópia do próprio indivíduo que o persegue, desafia ou observa com olhar de julgamento. Em outros casos, o clone se manifesta como uma figura que assume a forma do sonhador e age em seu lugar, frequentemente tomando decisões erradas ou prejudiciais. O que muitos não compreendem é que esses sonhos não são apenas simbólicos: eles representam a atividade real do clone durante o sono, momento em que o campo de defesa psíquico está naturalmente mais aberto.

Outro indício poderoso da presença de um clone astral é a dificuldade crescente em manter pensamentos positivos e construtivos. A mente parece ser sequestrada por uma névoa de negatividade, tornando árduo o exercício da oração, da concentração e da meditação. A vítima tenta se elevar espiritualmente, mas logo sente-se dispersa, cansada ou tomada por dúvidas. Isso ocorre porque o clone atua diretamente nos centros psíquicos superiores, tentando impedir o acesso da consciência a estados de vibração mais elevada. Quanto mais elevado for o pensamento, mais ele ameaça a existência do clone, que depende das frequências densas para continuar existindo.

A instabilidade emocional, com mudanças bruscas de humor, é outro sinal evidente. Em um mesmo dia, a pessoa pode oscilar entre euforia e tristeza, esperança e desespero, entusiasmo e letargia. Essas flutuações não têm relação com eventos concretos e são, na maioria das vezes, incompreendidas até pelos próprios afetados. Os que convivem com essas pessoas frequentemente notam essas alterações como comportamentos "estranhos" ou "fora do comum", gerando conflitos e isolamento social. O isolamento, aliás, é uma consequência direta da atuação do clone, que se alimenta da desconexão emocional e do enfraquecimento dos laços afetivos do hospedeiro.

A memória também pode ser afetada. Pequenos lapsos, esquecimentos frequentes, confusão de datas ou mesmo perda temporária de noção do tempo são comuns. Em casos mais graves, surgem relatos de episódios dissociativos, nos quais a pessoa realiza ações das quais depois não se recorda com clareza. Não se trata de amnésia médica, mas de momentos em que o clone assume parcialmente o controle das decisões ou interfere diretamente na percepção da realidade. Essas brechas na memória são perigosas, pois indicam uma erosão progressiva da soberania psíquica da pessoa sobre sua própria mente.

A intuição também é afetada negativamente. Pessoas que antes tinham sensibilidade aguçada para perceber ambientes, captar vibrações ou receber insights, passam a sentir-se "desligadas" ou "desconectadas". Essa dessensibilização não é natural — é provocada pelo campo do clone, que interfere nos canais superiores de percepção sutil. Como resultado, a vítima perde a capacidade de perceber perigos energéticos, torna-se mais suscetível a armadilhas espirituais e afasta-se das conexões com seus mentores ou guias espirituais. Em outras palavras, o clone cria uma blindagem inversa: ao invés de proteger, isola, silencia e obscurece a luz interior.

Muitas vezes, a pessoa afetada desenvolve um vocabulário interno de autossabotagem. Frases como "eu não sou capaz", "não vou conseguir", "tudo dá errado comigo" passam a fazer parte do repertório mental cotidiano. Esse tipo de discurso interno, embora pareça apenas psicológico, é frequentemente induzido vibracionalmente pelo clone. Ele ecoa essas frases na mente do hospedeiro, alimentando um ciclo de impotência e desvalorização que o impede de reagir. É como se o próprio clone, ao instalar-se como voz interna, fosse moldando uma nova personalidade negativa, que se sobrepõe à essência verdadeira da pessoa.

Talvez o sinal psíquico mais sutil e devastador seja o gradual esvaziamento do sentido da vida. A pessoa não sente mais prazer nas atividades que antes a alegravam. O entusiasmo desaparece, os projetos perdem a importância, e a existência parece se reduzir a um automatismo cinzento. Esse estado de apatia profunda, muitas vezes confundido com depressão, é o indício de que o clone está há muito tempo no controle, drenando não apenas a energia, mas também o propósito da alma. O ser entra num modo de sobrevivência psíquica, onde apenas cumpre rotinas, mas não vive de fato.

Reconhecer esses sinais é essencial. Eles não devem ser ignorados nem tratados apenas com medicação ou terapias convencionais, embora essas possam ser úteis como apoio. A chave está em entender que, por trás dessas manifestações mentais e emocionais, existe uma entidade sutil agindo — uma entidade que precisa ser detectada, enfrentada e dissolvida com consciência, vontade e luz. Pois a mente, assim como o corpo e o espírito, é um templo sagrado. E nenhum invasor, por mais que se disfarce de parte do próprio ser, pode permanecer onde há clareza, firmeza e verdade.

Capítulo 20
Detecção Espiritual

O reconhecimento de presenças sutis que influenciam a realidade pessoal demanda um tipo específico de percepção: aquela que transcende os sentidos comuns e se ancora na escuta do invisível. Detectar um clone astral, especialmente quando este se aloja de forma profunda e silenciosa no campo energético de alguém, exige a ativação de faculdades espirituais capazes de perceber o que não pode ser tocado, mas que, mesmo assim, deixa marcas nítidas na vida cotidiana. O processo não começa, como muitos imaginam, com um diagnóstico externo. Antes disso, ele surge como um desconforto interno, uma intuição insistente de que algo está fora de ordem — não no mundo exterior, mas na paisagem íntima da própria existência. Esse incômodo sutil, quase sempre racionalizado ou descartado, é na verdade um dos primeiros sinais de que a alma percebe o desequilíbrio, mesmo quando a mente ainda tenta negá-lo.

A investigação espiritual se torna, então, um instrumento indispensável para quem busca compreender as causas invisíveis de seus bloqueios, dores ou estados emocionais repetitivos. Diferente da abordagem terapêutica tradicional, que trabalha com sintomas, a investigação espiritual mergulha na raiz vibracional do problema. Ela exige entrega, escuta e disposição para encarar o que foi projetado para permanecer escondido. Muitas vezes, o clone astral não se apresenta como uma entidade clara ou ameaçadora. Ele se oculta sob a aparência da própria personalidade, disfarçado de hábitos, de padrões emocionais, de reações automáticas. Essa camuflagem dificulta sua identificação por métodos comuns. No entanto, à medida que se aprofunda a percepção espiritual, surgem imagens, sensações e mensagens que revelam a presença do duplo — seja por meio de sonhos recorrentes, lapsos de identidade, ou visões simbólicas durante estados alterados de consciência.

O olhar espiritual treinado, como o de médiuns, terapeutas energéticos ou trabalhadores de linhas espirituais específicas, pode funcionar como um espelho ampliado da alma. Esses profissionais captam, através de diferentes técnicas e sensibilidades, formas-pensamento condensadas, zonas de estagnação vibracional, distorções no campo áurico e presenças ligadas por cordões invisíveis à energia da pessoa. Contudo, mesmo antes de buscar um auxílio externo, a própria pessoa pode se tornar investigadora de si mesma. O autoconhecimento, aliado à prática da meditação, da oração consciente e da limpeza energética regular, começa a abrir as cortinas internas onde o clone costuma operar. A percepção começa a mudar. O que antes era apenas cansaço, tristeza ou ansiedade, passa a ser compreendido como interferência. O que antes era confundido com traços da personalidade, revela-se como imposições sutis de um "outro eu". Esse reconhecimento é transformador, pois inicia um novo ciclo: o da responsabilidade consciente sobre a própria luz, a própria sombra e tudo o que habita o espaço entre elas.

Para muitos, o primeiro passo rumo à detecção é a auto-observação. O indivíduo, ao sentir os sinais físicos e psíquicos descritos anteriormente, começa a intuir que algo em sua vida está sendo influenciado por uma força que não é inteiramente sua. Nesse ponto, a intuição desempenha um papel valioso: ela sussurra que existe um elemento estranho, que há algo "fora do lugar" em sua experiência cotidiana. Essa desconfiança é o ponto de partida. No entanto, a confirmação de que se trata de um clone astral requer instrumentos mais refinados, capazes de sondar as camadas ocultas do ser.

Médiuns clarividentes, sensitivos e terapeutas espirituais são os primeiros aliados nessa jornada. A clarividência é a faculdade de enxergar além do mundo físico — e é precisamente através dela que muitos clones astrais são percebidos. Em atendimentos energéticos, como os realizados em centros espiritualistas, casas de apometria ou clínicas esotéricas, o médium experiente pode identificar a presença de uma forma sutil acoplada ao campo da pessoa. Essa forma, muitas vezes, aparece como uma silhueta do próprio consulente, colada à sua aura ou posicionada logo atrás do corpo físico. O médium, ao descrever essa imagem, frequentemente fala em um "sósia", um "duplo" ou uma "sombra com forma humana" que acompanha o paciente. Tais relatos, embora simbólicos, refletem com precisão a presença do clone astral.

Outros profissionais utilizam técnicas específicas para essa detecção. A radiestesia, por exemplo, é amplamente empregada. Com o uso de pêndulos ou aurímetros, o terapeuta verifica o campo vibratório do indivíduo, detectando zonas de bloqueio, desequilíbrio ou sobreposição energética. Quando há um clone astral ativo, o pêndulo tende a oscilar de forma irregular ou a indicar uma polaridade energética anômala. Em alguns casos, é possível inclusive mapear a localização do clone no campo áurico da pessoa: sobre a cabeça, nas costas, ao lado esquerdo ou direito, dependendo de como se deu sua formação e acoplamento.

A fotografia Kirlian, embora ainda considerada controversa do ponto de vista acadêmico, é outra ferramenta empregada por terapeutas espirituais. Essa técnica captura a irradiação energética do corpo e, em algumas ocasiões, revela padrões incomuns de luz ao redor do sujeito, como se houvesse duplicações ou sombras anexas à aura principal. Alguns registros mostram uma segunda silhueta, mais tênue, sobreposta ao corpo do indivíduo. Esses sinais visuais, interpretados por especialistas, podem indicar a presença de uma forma-duplicada, cuja origem é astral.

No campo dos sonhos e da projeção da consciência, a detecção do clone astral assume contornos ainda mais fascinantes. Indivíduos que praticam desdobramento astral consciente, isto é, que conseguem sair do corpo físico durante o sono ou através de técnicas meditativas, por vezes se deparam com sua própria imagem à distância. Essa visão não é uma metáfora nem uma alucinação: trata-se, muito provavelmente, do encontro com o próprio clone. Alguns descrevem essas experiências com espanto: veem uma figura idêntica a si, mas que age de maneira estranha, caminha por locais sombrios ou os observa com frieza. Esses encontros são reveladores. O praticante desperto reconhece que há um outro "eu" que age com autonomia, indicando que uma parte de sua energia psíquica se desdobrou e ganhou vida própria.

Grupos espiritualistas especializados, como os de apometria, oferecem abordagens mais estruturadas para a detecção de clones astrais. A apometria é uma técnica que combina passes magnéticos, contagem rítmica e comando mental para desdobrar os corpos sutis e acessar diretamente os planos espirituais. Em uma sessão apométrica, médiuns projetam-se para investigar o campo energético do paciente sob a orientação de mentores espirituais. Nessas investigações, clones são frequentemente localizados escondidos em subplanos astrais, ligados ao consulente por cordões energéticos. Os relatos dos médiuns descrevem essas formas com detalhes surpreendentes: algumas são completamente similares ao paciente, enquanto outras são distorcidas, com feições de sofrimento, raiva ou tristeza — refletindo o tipo de energia que lhes deu origem.

É importante destacar que, por vezes, o clone astral não aparece como uma figura completa. Em muitos casos, ele é identificado como um fragmento da própria alma do paciente, uma parte emocional traumatizada que se desprendeu e passou a atuar como entidade semi-independente. Essas formas, vistas por médiuns ou percebidas por sensitivos, são descritas como "crianças interiores feridas", "duplos chorosos" ou "fragmentos de dor". Sua detecção exige sensibilidade emocional e capacidade de comunicação espiritual, pois muitas vezes esses fragmentos precisam ser acolhidos, compreendidos e reintegrados ao todo da consciência, ao invés de simplesmente serem banidos.

Algumas pessoas, mesmo sem dons mediúnicos desenvolvidos, relatam perceber claramente a presença do clone. Elas o sentem como uma sombra que as acompanha, uma voz que não é sua, uma sensação de ser observada constantemente. Essa percepção, embora não seja "prova" no sentido tradicional, é uma evidência subjetiva muito significativa. A espiritualidade, afinal, não opera segundo os critérios do laboratório, mas segundo as leis da vibração e da consciência. Quando o indivíduo sente de forma insistente que há algo a mais, algo que escapa à sua razão mas está claramente presente em sua vida interior, ele deve confiar nesse instinto e buscar auxílio.

É nesse ponto que a fé e o conhecimento espiritual caminham lado a lado. O reconhecimento de um clone astral não se dá por imposição externa, mas pela abertura da alma à verdade. Cada sintoma físico, cada pensamento estranho, cada sonho repetitivo compõe um mosaico de pistas. E quando o quadro se completa, a consciência desperta. A pessoa percebe que não está imaginando, que não está louca, que não está sozinha. Há, sim, uma presença. Há um reflexo seu caminhando ao lado, um ser que nasceu de si, mas que agora precisa ser reintegrado, dissolvido ou libertado.

A detecção espiritual, portanto, é um processo de iluminação interna. É o momento em que a luz da verdade penetra as camadas ocultas da existência e revela o que estava escondido. Detectar um clone astral é como acender uma lanterna numa sala escura: a forma aparece, os contornos se revelam, e o medo se dissipa. Pois o maior poder do clone está na ignorância — e sua maior fraqueza, na consciência. Quando o ser humano olha para dentro e reconhece sua sombra, ela perde o domínio. E é então que começa o verdadeiro processo de cura.

Capítulo 21
Preparação Inicial

A presença de um clone astral representa mais do que uma simples anomalia energética: ela é o reflexo de uma complexa interação entre aspectos reprimidos da psique, fragmentos emocionais não integrados e padrões vibratórios que se perpetuam no inconsciente. A constatação de sua existência revela uma fissura sutil, mas profunda, na estrutura energética do indivíduo, apontando para a necessidade urgente de reorganização interna. Não se trata de um problema isolado, mas da manifestação de desequilíbrios acumulados ao longo do tempo, que exigem enfrentamento consciente e estruturado. A abordagem eficaz dessa realidade começa pela preparação pessoal em níveis múltiplos — espiritual, emocional, mental e físico — reconhecendo que o processo de libertação de um clone astral é, antes de tudo, um processo de restauração integral do ser.

Essa preparação começa com o entendimento de que o campo energético de uma pessoa atua como um espelho de sua vida interior. Tudo o que é cultivado na mente e no coração reverbera nesse campo, que, por sua vez, influencia diretamente a realidade experienciada. Quando o clone astral se manifesta, ele denuncia uma frequência que foi mantida ativa por tempo suficiente para se condensar numa forma autônoma, ainda que dependente do hospedeiro. Essa forma não surgiu ao acaso: ela foi nutrida, consciente ou inconscientemente, por dores não resolvidas, padrões emocionais cristalizados e hábitos que distorcem o fluxo natural de energia. Portanto, antes de qualquer tentativa de ruptura, é imprescindível fortalecer a conexão com o eu superior, ampliar a lucidez interior e restaurar o alinhamento vibracional com as forças da luz, para que a fragmentação ceda lugar à integração.

Esse processo preparatório demanda comprometimento profundo com o próprio processo de cura. Não é suficiente adquirir conhecimento teórico ou realizar práticas superficiais. É necessário mergulhar com honestidade nas camadas mais ocultas da consciência, resgatar partes da alma que foram deixadas para trás, assumir a responsabilidade pelas criações internas e iniciar uma reforma íntima baseada em valores elevados. A preparação exige constância, entrega e sensibilidade para perceber os sinais sutis que indicam progresso ou resistência. É neste cenário que se constrói o alicerce vibracional indispensável para enfrentar o clone não como inimigo a ser exterminado, mas como uma criação a ser compreendida, transcendida e, finalmente, libertada.

Essa preparação inicial é mais do que um protocolo; é o reconhecimento de que o campo espiritual precisa ser fortalecido, protegido e higienizado antes que se tente cortar o laço com uma entidade que, mesmo sendo uma projeção do próprio ser, desenvolveu instintos de sobrevivência e, em muitos casos, resistência. O clone astral, especialmente aqueles moldados por traumas, vícios emocionais ou energias densas, age como uma criatura viva: sente, pensa e, em certa medida, luta para manter sua existência. Romper com ele sem preparo adequado pode gerar desequilíbrios mais profundos, recaídas ou reações intensas que fogem ao controle do praticante.

O primeiro passo nessa preparação consiste em estabelecer um estado interior de vigilância constante. Isso implica uma observação atenta dos próprios pensamentos, emoções e comportamentos, sem julgamento, mas com a firme intenção de entender quais padrões mentais alimentam ou reforçam a presença do clone. Esse exercício é semelhante a vigiar um jardim onde ervas daninhas crescem: não basta arrancá-las — é necessário entender como se formam, de onde vêm suas raízes, e o que as alimenta. A mente, quando desatenta, é solo fértil para a repetição de velhos padrões. O clone, como extensão desses padrões, se fortalece na rotina inconsciente.

Simultaneamente, é essencial elevar a vibração pessoal. O clone astral só sobrevive em faixas vibratórias mais baixas, alimentando-se de medo, raiva, ressentimento, culpa ou qualquer outro estado que fragilize o campo áurico e reduza a frequência energética. Ele se nutre da dor emocional que se arrasta sem solução, das mágoas nunca curadas, dos pensamentos recorrentes que sabotam a fé e a autoestima. Ele existe onde há estagnação e escuridão. Por isso, a elevação vibracional é um movimento de libertação. Ler textos espirituais elevados, praticar o silêncio interior, ouvir músicas harmônicas, meditar, orar, estar em contato com a natureza e fazer o bem — tudo isso são formas de reconectar-se com o que há de mais luminoso dentro de si e enfraquecer, pouco a pouco, a densidade que sustenta o clone.

Cuidar do corpo também faz parte da preparação. O corpo é o instrumento de manifestação da alma, e qualquer prática espiritual que o exclua está incompleta. Uma dieta mais leve e natural, com alimentos frescos e vivos, favorece a limpeza do campo energético. Evitar excessos, bebidas alcoólicas, substâncias tóxicas e ambientes carregados de negatividade é igualmente importante. Alguns mestres espirituais recomendam até mesmo jejuns curtos e conscientes — não como punição, mas como exercício de domínio sobre os impulsos e purificação física. A ingestão de água fluidificada, consagrada com preces e intenções elevadas, também é uma prática tradicional para preparar o organismo e o campo sutil.

Durante esse período preparatório, a proteção do sono deve ser intensificada. Como o clone atua com maior liberdade nos momentos em que o corpo físico repousa, e a consciência se desdobra, o ambiente do quarto deve ser transformado em um verdadeiro santuário vibracional. Incensos de limpeza, como sálvia branca, olíbano ou mirra, podem ser utilizados antes de dormir. Cristais como a ametista e a turmalina negra podem ser colocados sob o travesseiro ou ao lado da cama. Orar antes de dormir, pedindo amparo e proteção, é mais do que uma tradição religiosa: é um ato energético poderoso que aciona forças sutis de defesa.

Visualizar uma esfera de luz dourada envolvendo todo o corpo ao deitar é uma técnica simples e eficaz para manter afastadas presenças indesejadas durante o sono.

O ambiente externo também deve ser preparado. É necessário limpar a casa, tanto fisicamente quanto energeticamente. Uma casa suja, bagunçada, escura e abafada tende a acumular formas-pensamento, larvas astrais e outros miasmas que, inconscientemente, reforçam a atuação do clone. Organizar os espaços, abrir janelas, deixar o sol entrar, desfazer-se de objetos quebrados ou que carreguem memórias dolorosas são atitudes simbólicas e práticas que transformam o campo energético da residência. Além disso, pode-se fazer uso de defumações com ervas, água com sal grosso nos cantos e mantras ou cânticos sagrados tocando em volume suave nos ambientes mais densos.

Durante esse período, também é recomendável escrever. Sim, escrever. Registrar pensamentos, emoções, sonhos, padrões recorrentes. Esse diário espiritual servirá como um espelho da alma, revelando o que o discurso consciente muitas vezes ignora. Pode-se, inclusive, escrever cartas para o clone — não com rancor, mas com a intenção de se compreender. Dizer-lhe o que ele representa, por que foi criado, o que provocou sua formação e como chegou o momento de libertá-lo. Escrever para curar. Escrever para revelar o que estava escondido. A escrita é uma ferramenta poderosa de autotransformação, pois ao nomear o que se sente, se tira a força da sombra.

Outro ponto importante nessa preparação é o compromisso com a própria cura. Enfrentar um clone astral é enfrentar a si mesmo. Não adianta tentar dissolver o clone e continuar repetindo os mesmos comportamentos, cultivando os mesmos ressentimentos, alimentando os mesmos medos. É preciso desejar, profundamente, a libertação. E esse desejo não pode ser superficial. Tem que nascer do centro da alma, da decisão inabalável de não mais viver em cativeiro energético. Esse compromisso se traduz em atitudes cotidianas, pequenas escolhas, atos conscientes que, somados, criam a força necessária para sustentar o processo de dissolução.

Deve-se compreender que essa preparação não tem prazo exato. Para alguns, basta uma semana. Para outros, pode levar meses. Cada ser carrega uma história, uma vibração e uma estrutura energética distintas. Não há pressa, pois não se trata de uma corrida contra o tempo, mas de uma jornada em direção à inteireza. E quanto mais sólida for essa base preparatória, mais eficaz será o processo de separação do clone. É como afiar a espada antes da batalha: não se trata de temor, mas de sabedoria.

Ao final dessa fase, o campo energético estará mais limpo, a mente mais serena, o coração mais leve. A sombra que antes se escondia nos cantos do inconsciente começará a se tornar visível. E o ser, fortalecido, poderá então dar início às práticas que visam a dissolução definitiva do clone astral — não com medo ou hesitação, mas com a certeza de que está pronto para reconquistar seu espaço sagrado interior. A preparação não é apenas o início: é o alicerce sobre o qual toda a libertação será construída.

Capítulo 22
Limpeza Espiritual

A limpeza espiritual emerge como um dos movimentos mais profundos e transformadores dentro do processo de libertação do ser. Após consolidar uma base interna firme e elevada, o indivíduo se encontra apto a realizar intervenções energéticas que não apenas removem impurezas vibratórias, mas também desestruturam os alicerces ocultos que sustentam a presença do clone astral. Essa etapa transcende rituais superficiais ou gestos automatizados: ela convida à presença total, à intenção lúcida e ao compromisso amoroso com a própria libertação. Cada ação realizada nesse contexto torna-se um ato sagrado, pois representa a reapropriação do espaço interior que, por muito tempo, esteve ocupado por formas distorcidas de energia, criadas em momentos de fragilidade emocional ou desconexão espiritual.

Esse processo demanda entrega consciente e respeito às leis sutis que regem os campos espirituais. A limpeza verdadeira só ocorre quando há um chamado genuíno pela luz, quando o ser, por inteiro, deseja renascer vibracionalmente. É nesse estado de entrega que as práticas ganham força: as ervas liberam sua essência viva, os cristais amplificam sua frequência, os sons sagrados reverberam como espadas de luz, e a água carrega para longe o que já não serve mais ao propósito da alma. Mais do que dissolver a presença do clone, essa etapa revela o quanto o ser estava, muitas vezes, habituado a conviver com sua própria sombra sem se dar conta. A limpeza espiritual, nesse contexto, atua como um espelho, revelando o que precisa ser transmutado e oferecendo as ferramentas para que isso ocorra com clareza e firmeza.

Ao abraçar esse processo, o praticante começa a perceber mudanças sutis, porém profundas, em sua percepção, em seus sentimentos e na qualidade de sua presença. A leveza que surge não é apenas física — ela toca dimensões mais elevadas da consciência, despertando uma nova relação com o corpo, com o ambiente e com o sagrado. A limpeza espiritual não é, portanto, um evento isolado, mas uma contínua reconexão com a essência. Cada camada de densidade que se dissolve abre espaço para a verdade interior florescer, afastando o clone não com violência, mas com luz — uma luz que, uma vez acesa, torna impossível a permanência daquilo que vive da escuridão.

A limpeza espiritual não pode ser feita de forma apressada ou displicente. Ela exige presença, intenção firme e abertura de coração. Cada gesto, cada palavra, cada instrumento utilizado deve estar impregnado de consciência. Afinal, estamos falando de um processo que mexe com camadas vibratórias sutis, onde atuam formas-pensamento, emoções cristalizadas, fragmentos de dor e conexões astrais. Nesse cenário, o clone astral sobrevive como um parasita oculto, alimentando-se daquilo que se acumula sem ser transformado. Portanto, o objetivo aqui não é apenas retirar a sujeira, mas abrir caminho para que a luz circule e dissolva o que não pertence ao ser.

Uma das formas mais antigas e eficazes de iniciar a limpeza espiritual é a defumação com ervas. Desde tempos imemoriais, as plantas foram reconhecidas como entidades vivas, dotadas de propriedades vibracionais específicas. Queimar sálvia branca, alecrim, arruda ou lavanda, por exemplo, não é apenas uma prática de aromaterapia — é um ato de invocação dos poderes naturais da purificação. A fumaça dessas ervas, quando conduzida com intenção clara, penetra os poros invisíveis da aura, rompendo ligações densas, desagregando larvas astrais e criando um campo de proteção temporária. Ao defumar o próprio corpo, deve-se fazer movimentos ascendentes, do chão à cabeça, visualizando que toda energia escura está sendo solta e transmutada. Nos ambientes, deve-se percorrer todos os cantos, inclusive debaixo de camas, atrás de portas, dentro de armários. Lugares escuros e abafados tendem a acumular entidades e formas estagnadas que dão suporte vibracional ao clone.

Outra prática fundamental são os banhos de limpeza energética. Um dos mais clássicos envolve a preparação de uma infusão com sal grosso, folhas de arruda, alecrim e manjericão. Após o banho higiênico habitual, essa mistura deve ser derramada do pescoço para baixo, nunca sobre a cabeça, enquanto se faz uma prece silenciosa pedindo que toda negatividade seja levada pelas águas. O efeito é imediato: muitos relatam sensação de leveza, alívio ou até mesmo um pequeno arrepio — sinal de que houve deslocamento de cargas densas. É importante não secar o corpo com toalha após esse banho, mas permitir que a pele seque naturalmente, absorvendo as propriedades da água e das ervas.

Além dos banhos e defumações, o uso consciente de cristais pode potencializar a limpeza espiritual. Cristais como a turmalina negra, a obsidiana, a ametista e o quartzo transparente possuem propriedades de absorção, transmutação e ampliação energética. Ao colocá-los sobre os chakras durante uma meditação, cria-se um vórtice de ressonância que auxilia na dissolução de blocos energéticos. A turmalina, por exemplo, é excelente para o chakra básico, atuando como uma âncora que expulsa vibrações nocivas. Já a ametista, ligada ao chakra coronário, favorece a conexão com os planos superiores e atua como purificadora mental. Esses cristais devem ser energizados antes do uso, preferencialmente com água e sol, e programados com a intenção específica de limpeza e proteção.

O poder da palavra também não pode ser subestimado. Orações, mantras, invocações e afirmações atuam como frequências sonoras que reordenam a matriz vibratória do ser. Ao recitar mantras como o "Om Mani Padme Hum", o "Om Namah Shivaya" ou mesmo orações tradicionais do cristianismo, como o Salmo 91 ou a Oração de São Miguel Arcanjo, cria-se uma onda sonora que reverbera por todas as dimensões do campo espiritual. Essas palavras, quando ditas com fé, cortam as ligações densas, desintegram formas-pensamento e enfraquecem a estrutura energética do clone astral. A repetição diária de uma oração ou mantra é como um escudo que se forma, camada por camada, em torno do praticante.

Importante também é cuidar da limpeza vibracional do ambiente. Casas e quartos onde há acúmulo de tristeza, brigas, pensamentos densos ou desorganização tendem a gerar uma atmosfera propícia à presença de entidades e formas-pensamento. A limpeza do lar deve incluir a organização dos espaços, a retirada de objetos sem uso, a abertura das janelas para entrada de luz solar e a utilização de instrumentos como sinos, taças tibetanas ou mesmo palmas rítmicas para movimentar a energia parada. O som é um poderoso limpador astral, capaz de quebrar cascas energéticas que muitas vezes dão sustentação ao clone nos ambientes.

Uma prática menos conhecida, mas extremamente eficaz, é o uso de círculos de proteção com sal grosso. Pode-se desenhar no chão, ao redor de si mesmo, um círculo de sal enquanto se afirma: "Nada que não seja da luz pode ultrapassar este limite". Esse gesto simbólico tem profundo valor energético, pois representa o estabelecimento de fronteiras vibracionais. O clone astral, ao ser confrontado com barreiras de luz e ordem, começa a se desestabilizar. Ele se alimenta da desordem, do caos, da repetição inconsciente. Qualquer gesto consciente de organização espiritual é um ataque direto ao seu sustento.

Durante o período de limpeza, é comum que ocorram reações. Pode haver sonhos intensos, sensação de exaustão, episódios de melancolia repentina ou até mesmo manifestações físicas como dores de cabeça, náuseas ou calafrios. Esses sintomas não devem ser temidos: são sinais de que a densidade está se movimentando, que o processo está funcionando. É a lama espiritual sendo removida. É fundamental, nesses momentos, manter a serenidade e continuar com as práticas, sabendo que cada desconforto é passageiro e faz parte da purificação.

Deve-se sempre encerrar as sessões de limpeza com visualizações positivas. Imaginar-se envolto por uma luz branca ou dourada, sentir essa luz penetrando por cada célula, cada espaço vazio do corpo, preenchendo e curando, é essencial para selar o campo energético. Essa visualização reforça o propósito da prática, afasta qualquer resquício que tente permanecer e prepara o terreno para as próximas etapas, que envolvem banimento, corte de vínculos e reintegração da soberania do eu.

Limpar-se espiritualmente é um ato de coragem e amor-próprio. É afirmar ao universo: "não aceito mais carregar o que não é meu, não aceito mais conviver com o que me fere". É um rito de passagem que marca o início da separação definitiva entre o ser essencial e a sombra que o imita. E quando essa decisão é tomada com firmeza, o clone astral, que por tanto tempo habitou os porões da alma, começa a perceber que seu tempo está chegando ao fim.

Capítulo 23
Ritual de Banimento

O ritual de banimento representa a culminância de um processo de retomada do poder interior e reafirmação da soberania espiritual. Após a remoção das camadas densas que alimentavam a presença do clone astral, chega o momento de declarar, com autoridade e clareza, que nenhuma energia dissociada ou forma autônoma tem mais permissão para permanecer no campo vibracional do ser. O banimento é, portanto, uma cerimônia de empoderamento, onde o indivíduo se posiciona como guardião consciente de seu próprio espaço energético, rompendo os últimos vínculos com o que o aprisionava e restaurando sua centralidade interior. Essa prática não é um artifício místico vazio, mas um gesto concreto de reintegração, no qual o espírito se levanta e assume seu lugar original na ordem sutil da existência.

Essa ação ritualística vai além da expulsão de presenças ou interferências: ela altera os códigos vibratórios que sustentavam conexões inconscientes, desfazendo pactos energéticos silenciosos, hábitos mentais compulsivos e frequências emocionais que, mesmo sem intenção deliberada, mantinham vivo o laço com o clone astral. Ao banir essas formas, o praticante não está apenas enviando embora um fragmento externo — ele está cortando a raiz interna que sustentava essa manifestação. Isso exige mais do que gestos simbólicos: exige alinhamento entre pensamento, emoção e espírito. Cada palavra pronunciada, cada visualização, cada movimento durante o ritual deve ser expressão da convicção de que aquele ciclo chegou ao fim. A presença é a chave: quando o ser está inteiro no gesto, a energia obedece, e o campo se reorganiza conforme a nova ordem decretada.

A força do banimento está diretamente ligada à autenticidade do praticante. Não é necessário adotar formas complexas ou repetir fórmulas herméticas se estas não ressoam com sua verdade interior. O que torna o banimento eficaz é a intenção clara e a certeza vibracional de que a libertação é possível — e está acontecendo. O ser que se coloca diante de si mesmo e afirma, com voz firme, que seu espaço é sagrado e inviolável, ativa forças superiores que respondem imediatamente a esse chamado. O clone astral, cuja existência depende de brechas energéticas e ressonâncias com estados de fragilidade, não encontra mais onde se sustentar quando confrontado com essa luz consciente. Assim, o ritual de banimento torna-se não apenas um ato final de expulsão, mas o início de uma nova etapa: a de viver plenamente ancorado em si, livre da distorção que um dia se fez presença, mas que já não encontra mais lar.

Um verdadeiro ritual de banimento atua como decreto vibratório. Quando realizado com consciência plena, não apenas afasta entidades ou formas energéticas indesejadas, mas também dissolve as frequências que permitiam a sua permanência. No caso do clone astral, o banimento é a ruptura direta com sua conexão. Ele corta os canais por onde fluía energia entre o ser original e sua duplicata, interrompe os acessos que o clone utilizava para influenciar, drenar ou manipular. Mais do que uma expulsão, o banimento é um reposicionamento vibracional: o eu sagrado se coloca no centro e reivindica seu espaço interno com autoridade.

Não existe uma única forma correta de banimento. O que importa é a combinação de três elementos: intenção firme, presença consciente e ação ritualística simbólica. Algumas tradições utilizam fórmulas precisas, como o Ritual Menor do Pentagrama da Golden Dawn, no qual se traçam símbolos no ar em quatro direções, invocando nomes divinos que vibram nos planos superiores. Outros preferem rituais mais simples, mas igualmente poderosos, como o uso do som (sineta, tambor, mantra), do fogo (vela, incenso), da palavra (afirmações, comandos verbais) e do gesto (mãos em movimento, uso de bastão ou athame).

Um exemplo de banimento acessível e eficaz pode ser realizado da seguinte forma: o praticante posiciona-se no centro de um cômodo limpo, preferencialmente após uma defumação. Com os pés descalços tocando o chão, respira profundamente e visualiza uma esfera de luz branca envolvendo todo o seu corpo. Em seguida, estende a mão dominante (ou segura um bastão ritual, caso possua) e traça no ar, diante de si, um símbolo de poder — que pode ser um pentagrama, uma cruz, uma estrela ou qualquer outro ícone sagrado de sua fé. Enquanto faz isso, pronuncia em voz firme e clara: "Em nome da luz suprema que habita em mim, eu bano toda presença, forma ou energia que não seja da minha essência divina! Que todo laço com o que me limita, drena ou aprisiona, seja agora cortado, desfeito e transmutado!"

O praticante então gira em sentido horário, repetindo o gesto e as palavras para as demais direções cardeais: leste, sul, oeste e norte. Em cada ponto, reforça sua intenção com voz firme, como quem afirma uma verdade absoluta. Se desejar intensificar o processo, pode criar um círculo de sal grosso ao seu redor antes de iniciar, representando a barreira entre si e o mundo externo. O uso de uma vela branca acesa ao centro do círculo também contribui para ancorar a presença luminosa.

O poder do som é um aliado imprescindível no banimento. Bater palmas rítmicas, tocar um sino, um tambor xamânico ou mesmo pronunciar sons sagrados como o mantra "Om", "Ra", "Aum" ou mesmo vocábulos arcaicos como "Agla", "Tetragrammaton" ou "Adonai", conforme a tradição esotérica adotada, criam uma ressonância que fragmenta e expulsa entidades ou formas vibracionais dissonantes. O som é vibração pura — e como tal, molda, expande e purifica os campos sutilmente.

A água também pode ser empregada como elemento de banimento. Uma preparação simples consiste em misturar água com sal grosso e algumas gotas de óleo essencial de lavanda ou alecrim. Essa solução, fluidificada com uma oração ou consagração, pode ser aspergida nos cantos da casa e ao redor do corpo com uma pequena vassoura de ervas, com os dedos ou mesmo com um raminho de planta. Cada gota carrega a força da intenção de limpeza. Ao final, uma prece selando o ato reforça o comando: "Que a luz permaneça onde antes havia sombra. Que só o bem, o belo e o verdadeiro habitem este espaço sagrado".

Em banimentos mais avançados, como os utilizados em rituais cerimoniais, há a invocação direta de entidades superiores. O praticante, devidamente protegido e alinhado, pode chamar a presença de guias, arcanjos, mestres ascensionados ou de seu Eu Superior, pedindo auxílio para cortar laços e dissipar formas autônomas. Nesses casos, é comum haver visões, arrepios, calafrios ou até mesmo manifestações físicas momentâneas, como tonturas ou bocejos. Isso não deve assustar: é o sinal de que o campo está sendo purgado, de que a entidade banida está se desligando do sistema energético.

É importante compreender que o banimento não é uma solução definitiva por si só. Ele atua como uma intervenção de emergência ou uma quebra de padrão, mas se o padrão interior que deu origem ao clone astral não for transformado, a forma poderá tentar retornar ou ser recriada. Por isso, após o banimento, é indispensável manter a vibração elevada, continuar com práticas de proteção e fortalecer o novo estado de consciência que se conquistou. O clone astral é um produto de ressonância: se a frequência anterior persistir, ele pode encontrar meios de se reconectar.

Muitos relatam que após um banimento bem executado, há uma sensação imediata de alívio — como se uma pressão invisível tivesse se dissipado, como se o ar estivesse mais leve, o corpo mais solto, a mente mais clara. Outros experimentam sonhos reveladores, visões simbólicas ou intuições fortes de que algo importante foi rompido. Esses sinais indicam que o ritual foi bem-sucedido, mas também apontam que o trabalho deve prosseguir. Cada fio cortado precisa ser substituído por raízes de luz, por novas conexões com o que eleva e fortalece.

Alguns praticantes preferem realizar o banimento em ciclos — por exemplo, durante sete dias consecutivos ou por três dias em horários específicos, como ao amanhecer ou ao anoitecer. Esse tipo de repetição cria uma espécie de selo energético, dificultando o retorno de influências indesejadas. A disciplina é parte essencial do processo. O clone astral é persistente, especialmente se existia há muito tempo. Mas a força da vontade desperta é infinitamente maior.

O mais importante em qualquer ritual de banimento é a fé. Não fé cega, mas a convicção de que você tem autoridade sobre seu campo vibracional, de que nenhuma força externa pode mais comandar seus pensamentos, emoções ou energias. O clone astral, ao se ver diante de um ser consciente e determinado, começa a se desestruturar. Ele depende da dúvida, da fragilidade e da distração para sobreviver. Mas ao ser confrontado por um espírito firme, envolto em luz, não encontra mais abrigo.

O ritual de banimento é, então, a proclamação da liberdade. É o momento em que o ser olha para dentro, vê sua própria força e diz: "Aqui, neste templo que sou eu, não há mais lugar para o que me desintegra. Só a luz habita em mim agora." E essa verdade, afirmada com coragem, ecoa por todos os planos do ser, selando a porta por onde o clone astral um dia entrou.

Capítulo 24
Proteção Espiritual

A proteção espiritual estabelece-se como o alicerce invisível, porém fundamental, que sustenta a libertação conquistada e impede qualquer tentativa de regressão vibracional. Depois do banimento, em que os vínculos com o clone astral são conscientemente rompidos, inicia-se uma nova fase em que a manutenção do campo energético elevado torna-se prioridade absoluta. Essa proteção não é um escudo estático, mas um campo dinâmico, vivo, que se renova continuamente através da disciplina espiritual, da vigilância mental e do cultivo diário da luz interior. O verdadeiro poder de proteção nasce do alinhamento entre pensamento, emoção e ação, criando um ambiente interno inóspito a qualquer frequência dissonante. Assim, não se trata apenas de afastar influências externas, mas de estabelecer um padrão vibratório tão coerente e elevado que nenhuma força incompatível com a luz consiga nele se fixar.

Essa etapa exige maturidade espiritual e uma postura ativa diante da própria existência. A proteção verdadeira nasce do compromisso ético com a própria evolução, com a escolha consciente de pensamentos que edificam, emoções que curam e atitudes que iluminam.

Quando o ser compreende que toda brecha energética é reflexo de um desequilíbrio interno — seja um julgamento não resolvido, um ressentimento persistente, ou uma dúvida alimentada silenciosamente —, ele passa a tratar a proteção não como defesa contra o externo, mas como um trabalho contínuo de purificação e coerência interna. É nesse ponto que a aura se fortalece e se torna um verdadeiro campo de força espiritual. E essa fortaleza não se edifica por acaso: ela é construída diariamente com escolhas conscientes, palavras alinhadas, silêncio interior e conexão com o que há de mais elevado.

Nesse estado ampliado de consciência, o ser desperta para o fato de que proteger-se espiritualmente é, na verdade, um ato de amor-próprio em sua forma mais elevada. É a decisão de não mais permitir que sua luz seja apagada por forças de baixa vibração, nem tampouco por atitudes autossabotadoras que reativam antigos padrões. A proteção torna-se, assim, uma expressão da soberania conquistada, um reflexo da clareza de quem não aceita mais ceder espaço ao que desequilibra, fere ou enfraquece. E quanto mais essa postura se enraíza no cotidiano — em gestos simples, em preces sentidas, em ambientes limpos e harmonizados —, mais intransponível se torna o campo energético, repelindo naturalmente qualquer tentativa de reintegração do clone astral ou de formas-pensamento que um dia encontraram morada no vazio da inconsciência.

Proteger-se espiritualmente não é viver em paranoia ou em permanente estado de alerta defensivo.

Pelo contrário, é habitar um campo vibracional tão elevado, coerente e coeso que nenhuma energia dissonante consegue permanecer ali por muito tempo. O segredo da verdadeira proteção está no equilíbrio: não se trata de fechar-se para o mundo, mas de estar tão centrado e iluminado internamente que as forças externas perdem o poder de influência. O clone astral, como vimos, não se sustenta na presença da luz plena — ele exige sombra, distração, desequilíbrio emocional. Assim, ao cultivar a luz dentro de si, o ser humano se torna inviolável.

O primeiro elemento dessa proteção é o escudo mental. Pensamentos recorrentes de culpa, medo, inferioridade ou raiva abrem fendas invisíveis na psicosfera, por onde penetram influências e entidades oportunistas. Por isso, a vigilância dos pensamentos é um dos fundamentos mais profundos da proteção espiritual. Isso não significa reprimir ou negar sentimentos, mas transformá-los com lucidez. Quando um pensamento negativo surgir, deve-se acolhê-lo, entender sua origem e, conscientemente, redirecionar a energia. Repetir afirmações positivas, como "Eu sou luz em constante expansão" ou "Nenhuma força externa tem poder sobre mim", ajuda a reprogramar a mente e a consolidar o novo padrão vibracional.

A visualização criativa é outro instrumento poderoso. Todos os dias, ao acordar, pode-se dedicar alguns minutos a imaginar uma esfera de luz envolvendo o corpo. Essa esfera pode ser dourada, branca, azul ou da cor que a intuição indicar. Visualize-a pulsando com uma frequência elevada, afastando automaticamente tudo o que for dissonante. Sinta essa luz penetrando seus chakras, fortalecendo seus centros de energia e criando uma armadura vibracional indestrutível. Antes de dormir, repita o processo. Isso protege o corpo durante o sono, quando estamos mais suscetíveis a interferências astrais.

Objetos consagrados também atuam como âncoras de proteção. Amuletos, pedras, símbolos religiosos ou espirituais têm o poder de condensar uma frequência específica e irradiá-la continuamente. Uma turmalina negra, por exemplo, quando limpa e programada, pode absorver e transmutar energias negativas. Uma ametista auxilia na conexão espiritual e na purificação da mente. Uma medalha de São Bento, um crucifixo, uma estrela de Davi ou um pentagrama, quando usados com fé e respeito, tornam-se verdadeiros portais de proteção. O importante é que esses objetos sejam escolhidos com o coração e consagrados com um ritual próprio — mesmo simples — no qual se invoque a luz e se determine sua função protetora.

Além disso, a oração — independente de religião — é uma ferramenta insubstituível. Uma alma que ora está conectada a fontes superiores, alinhada com o bem, e isso por si só afasta entidades densas. Orações como o Pai Nosso, a Ave Maria, o Salmo 23, ou fórmulas específicas como a "Oração de São Miguel Arcanjo", devem ser entoadas com sentimento e convicção. A "Oração de 21 dias do Arcanjo Miguel", por exemplo, é amplamente conhecida por sua eficácia na dissolução de laços espirituais negativos, incluindo vínculos com clones astrais. Ao longo de três semanas, o praticante afirma diariamente sua vontade de libertação, invocando a espada de luz de Miguel para cortar tudo o que não pertence ao seu campo divino.

A música também tem papel essencial. Sons harmônicos, mantras, cantos devocionais e frequências binaurais de cura contribuem para manter o ambiente e a aura em estado de elevação. Uma simples sequência de notas pode desestabilizar a frequência de uma entidade intrusa, tornando-a incapaz de sustentar-se naquele campo. Mantras como o "Om Mani Padme Hum", "Gayatri", "Om Namah Shivaya", ou cantos gregorianos, tocados diariamente no lar, transformam o ambiente em uma morada de luz.

O espaço físico onde vivemos deve ser continuamente purificado. Incensos, defumações periódicas com sálvia, mirra ou alecrim, banhos de ervas, uso de sal grosso nos cantos e velas acesas com preces de proteção são práticas simples que mantêm a vibração da casa elevada. A harmonia no lar — silêncio, respeito, beleza, música, ordem — também é parte da proteção espiritual. Ambientes caóticos ou emocionalmente carregados são o habitat preferido de formas astrais indesejadas.

Outro recurso de proteção é a conexão com os guias espirituais. Muitas pessoas desconhecem ou negligenciam a presença desses seres amorosos e sábios, que acompanham cada alma em sua jornada evolutiva. Ao conversar com eles — em preces, cartas, meditações — fortalece-se esse vínculo e abre-se um canal de comunicação e auxílio. Os guias não interferem sem convite. Mas ao serem chamados, se manifestam de diversas formas: intuições súbitas, encontros sincronísticos, sonhos reveladores. Eles atuam como escudos vivos, sustentando a luz quando nossas forças parecem se esgotar.

Ainda há um recurso pouco comentado, mas de extrema eficácia: o jejum espiritual. Reservar um dia por semana para não consumir alimentos de origem animal, evitar distrações excessivas, cultivar o silêncio e a introspecção é uma forma de sutilizar o campo energético e permitir que o espírito assuma o comando. Nesse dia, pode-se dedicar tempo à leitura espiritual, à meditação, à escrita intuitiva. O campo sutil agradece e se fortalece.

Importante frisar que nenhuma proteção espiritual funciona se houver contradição entre a prática externa e a atitude interna. Ou seja, não adianta fazer banhos, orações e defumações se o coração continua nutrindo ódio, inveja, ressentimento ou julgamento. Essas emoções abrem portas que nenhuma erva ou oração consegue selar. Proteger-se espiritualmente é antes de tudo um compromisso ético consigo mesmo. É um pacto de lucidez. É escolher, dia após dia, alimentar apenas o que é bom, belo e verdadeiro.

Com a proteção espiritual ativa e bem cuidada, o clone astral — se ainda tenta se aproximar — encontrará um campo vibracional inacessível. Ele começará a se dissolver por falta de alimento energético. Mais ainda: outras entidades que outrora rodeavam o campo áurico da pessoa, aproveitando-se de brechas, também se afastarão. A aura se tornará como uma muralha de luz, dentro da qual floresce a paz, o discernimento e a verdadeira liberdade.

Essa etapa, embora aparentemente passiva, é uma das mais poderosas de toda a jornada. É o escudo invisível que garante a permanência da libertação conquistada. E é também o sinal de que o ser assumiu, de forma definitiva, a soberania de sua luz. Porque aquele que se protege com amor e consciência já não teme mais — ele apenas vive, vibra e resplandece.

Capítulo 25
Ajuda Espiritual

A jornada de libertação espiritual, por mais intensa e disciplinada que seja, em determinados momentos encontra barreiras que exigem a convocação de forças além da capacidade individual. A ajuda espiritual surge como um recurso legítimo e necessário quando, mesmo após práticas consistentes de purificação, proteção e banimento, a presença do clone astral persiste com força, resistência ou dissimulação. Esse auxílio não deve ser visto como um sinal de insuficiência pessoal, mas como a expressão mais elevada de sabedoria: reconhecer que há momentos em que a intervenção de consciências mais experientes, ou de coletivos espirituais treinados, é essencial para dissolver padrões arraigados ou interferências complexas que desafiam o alcance da vontade individual. Abrir-se para essa assistência é um gesto de confiança no amparo divino e um passo crucial para aprofundar o processo de cura.

A busca por ajuda espiritual, quando feita com discernimento e entrega, amplia as possibilidades de reconexão com o sagrado. O ser, ao sair do isolamento vibracional e conectar-se a correntes mais amplas de cura, ingressa numa rede de apoio invisível que opera de forma sutil e eficaz. Cada linha espiritual, cada tradição religiosa ou esotérica, oferece instrumentos próprios para intervir no campo energético, muitas vezes acessando dimensões e níveis de interferência que o praticante, sozinho, não conseguiria transpor. Esse movimento de aproximação com outros saberes não é apenas funcional — ele também é simbólico, pois marca a decisão de transcender o ego, de abandonar o orgulho silencioso que impede tantos de receber ajuda, e de permitir que a luz chegue por meios diversos, inclusive através da mão estendida de outros seres encarnados.

Nesse contexto, aceitar o auxílio de guias, terapeutas, médiuns, mestres ou grupos espirituais é mais do que recorrer a uma solução externa — é integrar uma nova frequência de pertencimento. É saber-se parte de um todo compassivo e inteligente, onde a cura circula entre aqueles que se dispõem a compartilhar seus dons. Essa entrega abre portas, dissolve resistências internas e acelera a desintegração do clone astral, que perde não apenas o alimento energético, mas também a ressonância psíquica que o mantinha preso ao campo do praticante. E assim, envolvido por correntes de auxílio amoroso e sustentado por presenças espirituais de alta vibração, o ser reencontra a força de continuar sua jornada com mais leveza, clareza e profundidade, rumo à plenitude de sua essência original.

A assistência espiritual pode vir de diversas fontes, todas válidas desde que conectadas à luz e conduzidas com seriedade. Centros espíritas, terreiros de Umbanda e Candomblé, casas de apometria, igrejas cristãs, comunidades budistas, grupos de meditação, mestres de reiki, terapeutas holísticos, xamãs, curandeiros — o mundo está repleto de canais humanos e espirituais dedicados a auxiliar almas em sofrimento. Não se trata de religião, mas de sintonia: a pessoa deve buscar a linha espiritual que ressoe com sua alma e inspire confiança. Quando essa conexão acontece, o processo de libertação tende a acelerar e aprofundar-se.

Nos centros espíritas kardecistas, por exemplo, há sessões de desobsessão específicas para lidar com entidades ligadas ao perispírito dos encarnados. Embora o termo "clone astral" não esteja presente na codificação kardecista, muitos médiuns e doutrinadores já lidaram com casos em que um fragmento energético ou forma pensante fortemente ligada ao paciente precisava ser encaminhado ou dissolvido. Nesses atendimentos, a equipe espiritual — composta por mentores e socorristas — atua diretamente sobre a estrutura do duplo, identificando suas ligações, cortando cordões fluídicos e encaminhando a forma para centros de recuperação do plano astral. O trabalho do encarnado é manter-se em prece, fé e vigilância, pois mesmo após o desligamento, há uma fase de reequilíbrio que requer sustentação vibracional.

Nos terreiros de Umbanda, o tratamento costuma ser mais vigoroso e direto. Guias espirituais como caboclos, pretos-velhos e exus de luz fazem uso de passes energéticos intensos, defumações e incorporações para identificar e retirar não apenas clones, mas também larvas, magias, pactos e fragmentações. Nesses ambientes, os guias não apenas removem o intruso, mas também entregam orientações específicas ao consulente:

banhos de ervas, rezas, oferendas, mudanças comportamentais. É um processo de purificação que atinge corpo, mente e espírito. Muitos casos de clones astrais fortemente enraizados são tratados com sucesso nesses espaços, pois os guias têm autoridade e conhecimento profundo sobre o mundo das formas e energias autônomas.

A apometria, por sua vez, é uma técnica altamente especializada e sistematizada para lidar com casos complexos como os de clonagem astral. Em sessões apométricas, os médiuns se desdobram sob comando do coordenador e, junto aos mentores, localizam o clone em dimensões paralelas. Muitas vezes, essas formas estão escondidas em bolsões vibratórios, encapsuladas por obsessores ou até mesmo conectadas a equipamentos astrais como chips e dispositivos de controle. A equipe espiritual, então, realiza operações detalhadas: desligamento do clone, dissolução por transmutação, envio da forma para câmaras de regeneração ou descarte vibracional, dependendo de sua natureza. Também é comum encontrar, junto ao clone, outras formas parasitárias — como subpersonalidades, miasmas, pactos de vidas passadas — que são removidas no mesmo processo. A apometria é uma ferramenta cirúrgica, e quando aplicada por equipes bem treinadas, costuma resultar em mudanças perceptíveis no campo da pessoa.

Em contextos cristãos — católicos ou evangélicos — embora o conceito de clone astral não exista formalmente, muitas manifestações que seriam identificadas como tal são tratadas como possessões, influências demoníacas ou ataques espirituais. Em igrejas católicas, pode-se recorrer a exorcismos menores (oração de libertação, bênçãos, uso de sacramentais) ou, em casos mais sérios, a um exorcismo formal conduzido por padre autorizado. A oração fervorosa, a confissão, a comunhão e a consagração pessoal são atos que, segundo essa visão, expulsam o mal e restauram a aliança com Deus. Igrejas evangélicas seguem linha semelhante: cultos de libertação, imposição de mãos, jejuns, louvores e a leitura da Bíblia são utilizados para romper ligações com forças malignas. Em ambos os casos, a fé intensa e a rendição ao divino funcionam como catalisadores de transformação e proteção.

Há também as abordagens xamânicas e holísticas, onde o terapeuta — muitas vezes médium e curador — atua com práticas ancestrais como o tambor, o canto, a dança ritual, o uso de ervas de poder, cristais, sopros e extrações. Nesses rituais, o clone é identificado por meio de visões ou percepções sensoriais, e o curador executa uma retirada energética, muitas vezes com a ajuda de seus aliados espirituais: animais de poder, ancestrais ou guias xamânicos. Após a remoção, há ritos de reintegração e fortalecimento da aura, com recomendações específicas para o período pós-tratamento. Essas abordagens são especialmente eficazes quando o clone surgiu de fragmentação por trauma ou foi criado em contextos de vidas passadas, pois acessam memórias celulares e campos profundos do ser.

Ainda dentro do campo holístico, há terapeutas especializados em tratamentos vibracionais como o reiki, a cura prânica, o thetahealing, a constelação familiar espiritual e outras abordagens. Embora mais sutis, essas técnicas trabalham diretamente com o campo bioenergético da pessoa, dissolvendo bloqueios e restaurando a fluidez vibracional. Em sessões de reiki, por exemplo, é comum o terapeuta sentir ou visualizar formas estranhas ligadas ao paciente — muitas vezes correspondentes a clones, subpersonalidades ou formas-pensamento densas. A imposição de mãos canaliza energia curadora que enfraquece e dissolve esses agregados, ao mesmo tempo em que fortalece a estrutura energética saudável.

Outro aspecto importante da ajuda espiritual é o acompanhamento terapêutico psicológico. Muitos clones astrais se alimentam de traumas, padrões mentais repetitivos, estados de vitimização ou autossabotagem. Um terapeuta experiente pode ajudar o indivíduo a identificar esses padrões, ressignificá-los e transformá-los. A terapia de vidas passadas, por exemplo, permite que o paciente acesse a origem de certos vínculos energéticos e os cure na raiz. A constelação familiar, por sua vez, mostra como padrões herdados podem influenciar o campo energético e dar origem a fragmentações que resultam em clones. Psicólogos transpessoais, que integram espiritualidade ao processo clínico, são especialmente recomendados nesses casos.

Buscar ajuda espiritual, portanto, é abrir-se à cura em todos os níveis: físico, emocional, mental e espiritual. É permitir que outras mãos — visíveis e invisíveis — auxiliem na reconstrução do eu verdadeiro. O orgulho, o medo ou a descrença são os principais obstáculos nesse processo. Muitos resistem por receio de serem julgados, por não entenderem o que acontece com eles ou por não quererem reconhecer que estão sendo influenciados. Mas ao dar o primeiro passo e pedir ajuda, um novo fluxo se estabelece: o universo responde, os guias se aproximam, o caminho começa a clarear.

Não há cura completa sem apoio. E quando esse apoio é escolhido com discernimento e aceito com gratidão, o processo de dissolução do clone astral não apenas se acelera, mas se torna mais profundo e transformador. A pessoa sente, então, que não está mais sozinha. Ela caminha cercada por aliados, por luzes invisíveis que a sustentam e celebram cada passo rumo à libertação total.

Capítulo 26
Cura Xamânica

A cura xamânica representa um dos caminhos mais profundos e antigos de reintegração da alma e dissolução de forças dissociadas, como o clone astral. Enraizada em tradições que reconhecem o ser humano como parte indivisível do todo cósmico e em constante relação com os mundos espiritual, natural e ancestral, essa prática se apoia na escuta simbólica da alma ferida, buscando compreender, acolher e reintegrar as partes que dela se desprenderam ao longo da jornada. Diferente de abordagens voltadas unicamente à expulsão ou combate de formas energéticas intrusas, o xamanismo compreende que todo desequilíbrio carrega uma origem, uma memória, um motivo. O clone astral, visto sob essa ótica, não é apenas um invasor: é uma expressão autônoma de uma dor que ainda não encontrou resolução — e, por isso, precisa ser escutada antes de ser liberada.

Nesse caminho de cura, o xamã atua como intermediário entre mundos, navegando pelas dimensões invisíveis onde residem os fragmentos perdidos da alma. Sua sensibilidade, fortalecida por rituais, silêncio interior e conexão com seus aliados espirituais, permite-lhe identificar a origem e a natureza do desequilíbrio que se manifesta como clone. À medida que acessa os planos espirituais, ele não apenas percebe o que está deslocado, mas também dialoga com as partes da alma que foram marginalizadas, amedrontadas ou esquecidas. Essa escuta espiritual é uma arte sagrada: exige empatia, intuição e profundo respeito pelas histórias que cada fragmento carrega. A cura, então, não acontece como uma eliminação forçada, mas como uma reconciliação amorosa entre o ser que busca a cura e as partes de si mesmo que ficaram para trás, cristalizadas em formas energéticas dissociadas.

O impacto dessa reintegração é imediato e muitas vezes comovente. O retorno do fragmento da alma — seja por meio do resgate ou da extração de uma entidade implantada — representa um novo início. O campo vibracional da pessoa se reorganiza, os centros energéticos retomam o equilíbrio e uma nova clareza emocional e espiritual emerge. Não se trata apenas de se sentir melhor: trata-se de se sentir inteiro. A dissolução do clone astral, nesse processo, não é um fim abrupto, mas o desfecho natural de uma história que encontrou escuta, acolhimento e transcendência. E a pessoa que atravessa essa experiência não volta a ser a mesma: ela retorna mais conectada com sua essência, mais firme em seu caminho e mais consciente de que a verdadeira cura nasce do reencontro amoroso com todas as suas partes.

Para os xamãs, o ser humano não é uma entidade indivisível. Ele é composto por partes da alma que podem, em determinadas circunstâncias, se separar do todo. Essa separação ocorre especialmente diante de traumas intensos, medos profundos, choques emocionais ou rituais negativos. Quando um pedaço da alma se afasta, ele pode ficar preso em algum plano do mundo espiritual, às vezes permanecendo ali durante anos, décadas ou vidas inteiras. Esse fragmento, ao se manter ativo e separado, tende a adquirir uma vida energética autônoma, com identidade própria, embora baseada na matriz da alma original. É o que hoje denominamos clone astral, mas que no entendimento xamânico é um espírito-partido que precisa ser trazido de volta.

A técnica mais conhecida e reverenciada para lidar com essa questão é o resgate da alma. Neste ritual, o xamã, após preparação ritualística e indução ao transe — geralmente pelo som repetitivo do tambor ou do maracá — parte em uma jornada espiritual aos mundos invisíveis. Esses mundos são descritos como camadas de realidade: o mundo inferior (associado à ancestralidade e aos traumas), o mundo do meio (relacionado à vida cotidiana) e o mundo superior (domínio dos espíritos guias e da cura). Ao identificar onde o fragmento perdido se encontra, o xamã dialoga com ele, observa sua forma — que pode ser uma criança ferida, um animal enjaulado, uma sombra — e, com auxílio de seus aliados espirituais, convence essa parte da alma a retornar ao corpo do consulente.

O retorno é selado com um sopro ritualístico: o xamã sopra o fragmento de volta, geralmente na coroa (chakra coronário) ou no centro do peito (chakra cardíaco) da pessoa, enquanto entoa cânticos sagrados e pede permissão ao Grande Espírito para a reintegração. Esse gesto simbólico não apenas reintegra o fragmento, mas dissolve o clone astral criado a partir dele, pois a matriz energética que sustentava sua existência foi reabsorvida. Após o ritual, a pessoa costuma relatar sentimentos de completude, clareza, leveza e, em alguns casos, choro intenso, como se estivesse reencontrando uma parte essencial de si mesma que havia sido esquecida.

Há também a extração xamânica, utilizada quando a forma intrusa — neste caso, o clone astral — não é um fragmento legítimo da alma, mas uma entidade criada externamente e implantada no campo da pessoa. Isso ocorre, por exemplo, em casos de magia negativa, pactos involuntários ou manipulações astrais. Nesses cenários, o clone é percebido como um invasor, uma massa densa ou uma presença obscura incrustada em algum ponto do campo áurico. O xamã, então, em transe, localiza o ponto de inserção, identifica a natureza da entidade e, com movimentos ritualísticos, a extrai.

Essa extração pode ocorrer de diversas formas: puxando com as mãos, utilizando instrumentos como cristais, penas, bastões ou até mesmo por meio da sucção — prática antiga e potente, onde o xamã suga simbolicamente a entidade pela boca e depois a cospe em um recipiente com água, álcool ou ervas, o qual é queimado ou descartado cerimonialmente. Após a retirada, o campo da pessoa é selado com fumaça de ervas, cantos e a invocação dos guardiões espirituais. Em alguns casos, o xamã realiza também o reequilíbrio dos chakras e oferece um espírito protetor — animal de poder, ancestral ou guardião elemental — para vigiar o espaço deixado pelo intruso.

A eficácia dessas práticas depende não apenas da habilidade do curador, mas também da entrega do paciente. O xamanismo exige que o indivíduo participe do processo com sinceridade e reverência. Muitas vezes, o xamã recomenda ao paciente um período de recolhimento após o ritual, com restrições alimentares, abstinência de álcool, meditação e banhos de ervas específicas. Também pode sugerir a criação de um altar doméstico, onde a pessoa depositará intenções diárias de luz, como forma de selar energeticamente a reintegração.

É importante compreender que, para o xamanismo, tudo o que se manifesta espiritualmente tem uma razão de ser. Um clone astral, mesmo que perturbador, carrega uma mensagem: algo foi esquecido, ferido ou reprimido. Por isso, o processo xamânico não busca apenas eliminar a forma — busca compreender sua origem, curar a dor que a gerou e restaurar a integridade da alma. O clone, nesse contexto, não é um inimigo a ser destruído, mas um mensageiro do desequilíbrio. E quando sua mensagem é ouvida com o coração, ele se dissolve como neblina ao sol.

Os relatos de quem passou por uma cura xamânica verdadeira são frequentemente marcados por poesia e intensidade. Muitos falam de sonhos reveladores nas noites seguintes, de sensação de renascimento, de reencontro com memórias esquecidas e de um novo senso de propósito. Outros dizem ter sentido o toque de mãos invisíveis, ouvido cantos na escuridão ou visto luzes que os envolviam. Todos, porém, convergem numa percepção: algo mudou profundamente. E essa mudança não vem do xamã, mas do espírito que, finalmente, voltou para casa.

    A cura xamânica, portanto, não é apenas uma técnica — é um reencontro com a alma ancestral, com o saber da Terra, com a sabedoria das origens. Quando aplicada com ética, preparo e verdadeiro amor pelo caminho espiritual, ela tem o poder de libertar não só do clone astral, mas de todas as formas de fragmentação que nos afastam de quem realmente somos. E nos ensina, acima de tudo, que não importa o quanto nos tenhamos perdido: sempre haverá uma canção, um tambor, um sopro que nos guia de volta ao lar do espírito.

Capítulo 27
Ritual Mágico

A dissolução de entidades astrais vinculadas ao campo energético de uma pessoa requer um enfrentamento direto e consciente, sustentado por ações que mobilizam tanto a psique quanto os planos sutis. Quando um clone astral está profundamente enraizado — seja por sua criação em contextos ritualísticos antigos, seja pelo reforço contínuo de padrões mentais e emocionais —, sua desativação demanda um gesto que ultrapasse a lógica e atue simbolicamente na estrutura do ser. Um processo desse tipo não pode ser reduzido a técnicas genéricas ou abordagens simplificadas; ele exige uma intervenção profunda, que fale a linguagem do invisível, uma ação ritual que seja ao mesmo tempo interna e externa. A prática mágica, nesse contexto, representa a ponte entre o mundo material e as esferas sutis, permitindo que forças conscientes e inconscientes se alinhem em um movimento de transmutação real. Esse tipo de ritual não é mero misticismo performático, mas uma operação psicoenergética que exige presença, clareza e uma intenção firme de libertação.

A construção de um ritual voltado à dissolução de um duplo astral não se baseia em dogmas ou fórmulas prontas, mas na compreensão das forças envolvidas na criação e manutenção desse vínculo. O clone astral, por sua natureza, é um reflexo condensado de aspectos dissociados do próprio ser, mantido ativo por ressonâncias emocionais, crenças cristalizadas ou vínculos energéticos inconscientes. Enfrentá-lo, portanto, é enfrentar uma parte de si — não para negá-la ou destruí-la, mas para reintegrá-la ou dissolvê-la, conforme sua origem e função. O ritual mágico oferece os meios para isso ao permitir que símbolos, gestos e elementos da natureza sejam mobilizados de forma consciente, criando um campo de força no qual a intenção do praticante pode operar com maior eficácia. A escolha dos materiais, a disposição do espaço, a invocação verbal e o gesto final não são apenas detalhes cerimoniais, mas canais que organizam a energia e traduzem o desejo interno em ação efetiva.

Ao assumir o comando do próprio campo energético e estabelecer, por meio do rito, uma nova ordem vibracional, o praticante reivindica sua soberania espiritual. Romper com um clone astral é, nesse sentido, mais do que afastar uma presença indesejada — é recuperar partes dispersas, revogar pactos inconscientes e atualizar a própria identidade em níveis profundos. O ritual, ao simbolizar essa transformação, atua como um catalisador que reorganiza o campo de modo a sustentar uma nova realidade interna. O poder do gesto está na congruência entre pensamento, emoção e ação. Quando essa tríade se alinha, a prática mágica deixa de ser um recurso externo e se torna uma extensão natural da vontade desperta, capaz de dissolver estruturas densas e restaurar o fluxo vital original. Dessa forma, o processo de desfazimento do clone não apenas encerra um ciclo de dissociação, mas inaugura uma nova etapa de integração e presença.

Ao contrário dos ritos genéricos, que atuam amplamente na purificação e banimento, o ritual mágico direcionado ao clone astral tem por objetivo específico cortar o vínculo entre o original e a duplicata, desprogramar os padrões energéticos que sustentam o duplo e, se possível, reintegrar os fragmentos legítimos ao campo da pessoa, dissolvendo o que for artificial ou deletério. A eficácia do ritual não está em sua complexidade ou no número de elementos usados, mas na clareza da intenção, na concentração do operador e no grau de autoridade espiritual com que se conduz a prática.

Uma das formas mais acessíveis e eficazes desse ritual é a magia simpática, que trabalha com representações físicas dos elementos envolvidos. Para realizá-lo, é necessário um espaço reservado, limpo e energeticamente neutro — pode ser um cômodo purificado com incenso ou ervas defumadoras, preferencialmente em silêncio e com pouca luz, onde o operador possa concentrar-se profundamente. No centro do espaço, uma mesa ou altar será o palco simbólico da operação.

O primeiro passo é confeccionar duas figuras representativas: uma para si mesmo, outra para o clone. Essas figuras podem ser feitas de cera, barro, papel ou pano, o importante é que sejam consagradas com foco e simbolismo. A figura que representa o praticante deve ser rotulada com seu nome completo, e idealmente conter um fio de cabelo, um pouco de saliva ou algum objeto pessoal que o vincule energeticamente à imagem. A segunda figura, que representa o clone astral, deve ser rotulada com o termo "duplo", "sombra", "projeção" ou outro nome que represente sua natureza. Ambas as figuras são ligadas por um cordão ou linha — simbolizando o laço astral que conecta as duas formas.

No centro do altar, entre as figuras, deve-se posicionar uma vela roxa (símbolo de transmutação) e, ao redor, cristais como ametista, quartzo transparente ou obsidiana negra, que ajudam a absorver e transmutar as energias liberadas. Também é recomendado o uso de um incenso de mirra, olíbano ou arruda, cujas propriedades são de limpeza profunda e consagração.

O praticante inicia o ritual entrando em estado meditativo. Respira profundamente, acalma a mente e começa a visualizar a si mesmo livre de qualquer duplicata energética. Visualiza seu campo áurico íntegro, sua luz expandida, sua energia centralizada no presente. Em seguida, concentra-se na figura do clone e sente, sem medo, a conexão que ainda existe entre ambos. Reconhece o vínculo, aceita a existência da duplicata, mas afirma interiormente que este laço não é mais necessário, não é mais útil, não é mais verdadeiro.

Com uma tesoura ritual (ou uma lâmina consagrada previamente), o praticante então corta o cordão que une as duas figuras, dizendo em voz firme: "Pelo poder do meu espírito soberano, eu rompo agora o laço com tudo que é falso, ilusório ou imposto. Eu me liberto e liberto este reflexo de mim. Que volte ao nada ou que se reintegre na luz, conforme a verdade maior."

A fala deve vir do coração, com autoridade e intenção. Não é a palavra que tem o poder, mas a força por trás dela.

Feito o corte, a figura do clone deve ser desfeita. Se for de cera, pode-se deixá-la derreter lentamente na chama da vela; se for de papel, pode ser queimada por inteiro; se for de barro, pode ser quebrada com um martelo e enterrada na terra. O importante é que esse gesto represente, de forma definitiva, a dissolução da forma. Ao mesmo tempo, a figura do praticante é consagrada com um gesto de bênção — pode-se ungir a testa da imagem com óleo essencial, colocá-la sobre um cristal, envolvê-la em um tecido branco — e afirmar: "Agora eu sou inteiro. Eu estou em mim. Nenhuma parte de mim se perde, se divide ou se ausenta. Eu sou um só em luz e verdade."

Outro ritual possível, mais avançado, é o ritual do espelho. Nele, o praticante posiciona-se diante de um espelho grande, com uma vela acesa entre ele e o reflexo. A chama cria um portal simbólico entre os mundos. O operador olha fixamente para seus próprios olhos e, em estado de leve transe induzido por respiração ritmada e concentração, invoca o clone astral para manifestar-se no reflexo. Em muitos casos, pode-se sentir uma presença, uma mudança no semblante refletido, uma sombra que se move independentemente. Não é necessário ter medo: o espelho está selado pela vela, e a presença está confinada ao reflexo.

Nesse momento, o operador fala ao clone com compaixão e autoridade: "Você foi criado por dor, por medo, por fragmento. Mas eu não sou mais isso. Eu sou agora. Eu sou inteiro. Você não precisa mais existir." E, olhando nos olhos do reflexo, visualiza a fusão entre ambos: o clone entrando pelos olhos, descendo ao coração, dissolvendo-se na luz interior. Esse ritual exige preparo emocional e prática com visualizações, mas é de grande poder transformador. A vela, ao final, deve ser deixada queimar até o fim, e o espelho coberto por um pano durante algumas horas, para evitar reverberações.

Após qualquer ritual mágico, é fundamental o grounding — o enraizamento. O praticante deve alimentar-se, tocar a terra, banhar-se, movimentar o corpo. Isso ajuda a estabilizar a energia e a fechar o campo. Também é recomendável anotar as impressões do ritual, sonhos que possam surgir nos dias seguintes, sensações físicas e psíquicas. Muitas vezes, a libertação do clone astral desencadeia processos de realinhamento profundo, onde partes do ser precisam se reorganizar em um novo eixo.

O ritual mágico, portanto, não é apenas um ato simbólico. É uma ação direta no plano invisível, onde a linguagem do espírito compreende gestos, imagens, intenções e arquétipos. Quando feito com integridade, não apenas dissolve o clone, mas fortalece a presença do verdadeiro eu — aquele que não se fragmenta, que não se perde, que permanece inteiro mesmo após a noite mais escura da alma.

Capítulo 28
Técnica Apométrica

Entre as abordagens mais eficazes para lidar com interferências astrais profundas, a técnica apométrica se destaca pela precisão, profundidade e coerência com as dinâmicas sutis do ser humano integral. Com base em fundamentos sólidos que unem ciência espiritual, observação mediúnica e uma metodologia sistematizada, essa prática propõe um enfrentamento direto e consciente de estruturas como os clones astrais, cuja atuação pode se estender por anos, obscurecendo a verdadeira identidade do indivíduo e comprometendo seu equilíbrio energético e emocional. A Apometria, nesse contexto, oferece mais do que um conjunto de técnicas — ela representa uma tecnologia espiritual avançada que reconhece a complexidade do ser multidimensional e atua respeitosamente sobre cada camada, promovendo limpeza, reintegração e alinhamento. Sua força reside não apenas na capacidade de dissolver formas parasitárias, mas na habilidade de restaurar a soberania do espírito sobre seus próprios domínios internos.

A base funcional da Apometria está na compreensão de que o ser humano é composto por múltiplos corpos, que podem ser acessados, tratados e harmonizados separadamente. A dissociação controlada desses corpos permite que interferências, como os clones astrais, sejam localizadas em níveis onde a consciência ordinária não alcança. Com a ajuda de uma equipe treinada e assistida por mentores espirituais, o processo ocorre de forma estruturada, meticulosa e profundamente transformadora. Os comandos utilizados — verbais, mentais e vibracionais — funcionam como chaves para acessar as dimensões onde o problema está ancorado. Mais do que uma prática de exorcismo ou banimento, trata-se de um mergulho lúcido nos mecanismos internos da dor e da fragmentação, onde cada parte encontra escuta, compreensão e destino adequado. A clareza com que a Apometria opera permite que o tratamento do clone vá além do sintoma, alcançando as raízes do distúrbio energético e psíquico que permitiram sua formação.

Essa abordagem é especialmente relevante quando o clone não é apenas uma criação artificial, mas porta aspectos reais do próprio indivíduo — emoções reprimidas, traumas não resolvidos, crenças limitantes cristalizadas ao longo do tempo. Nesses casos, a Apometria atua com sensibilidade, evitando rupturas bruscas e optando pela reintegração consciente. Isso transforma o tratamento em um processo de autoconhecimento profundo, onde o assistido não apenas se vê livre de uma entidade parasitária, mas se reencontra com partes esquecidas de si mesmo, promovendo uma cura que é ao mesmo tempo espiritual, emocional e psicológica. A técnica, portanto, não tem como foco a destruição de uma anomalia, mas a restauração do equilíbrio original, através de um caminho que respeita a individualidade da alma e sua história. Dessa forma, a Apometria consolida-se como um instrumento de libertação e despertar, devolvendo ao ser a possibilidade de habitar plenamente sua própria luz.

O princípio fundamental da Apometria reside na dissociação controlada dos corpos sutis. Através de comandos mentais e contagem rítmica, geralmente de 1 a 7, o facilitador (conhecido como doutrinador ou condutor) induz o desdobramento consciente dos médiuns e do assistido. Com isso, as partes mais sensíveis do ser — como o corpo astral, o corpo mental inferior e até mesmo o corpo causal — podem ser isoladas, examinadas e tratadas de forma direta no plano espiritual, ainda que o corpo físico permaneça imóvel e em estado de vigília.

Quando se trata de clones astrais, a técnica apométrica oferece recursos incomparáveis. O primeiro passo é a triagem espiritual. Durante a sessão, os médiuns desdobrados entram em contato com as dimensões onde o clone pode estar instalado. Frequentemente, esses clones são localizados em subplanos astrais densos, envoltos em campos de contenção ou acoplados à psicosfera do assistido como verdadeiros módulos parasitários. Algumas vezes, o clone sequer está visível de imediato, exigindo escaneamentos energéticos meticulosos, onde os médiuns detectam distorções na aura, duplicações sutis de personalidade ou fragmentos energéticos animados artificialmente.

Ao localizar o clone, o próximo passo envolve sua contenção. Com auxílio de comandos verbais e mentalizações específicas, os apômetras constroem campos magnéticos ou "cilindros de contenção", que isolam o clone e o impedem de reagir ou fugir. Esse procedimento é essencial para que o clone não retorne automaticamente ao campo energético da vítima após a sessão. Nesse estágio, é comum que se descubram também implantes, chips etéricos ou dispositivos de controle remoto conectados à forma astral duplicada, todos eles desenvolvidos por entidades obsessivas especializadas — os chamados "cientistas das sombras".

Em seguida, realiza-se a desconexão. Esse processo consiste em cortar os vínculos fluídicos e vibracionais entre o clone e o campo energético da pessoa original. Tais vínculos geralmente se manifestam como cordões, tubos energéticos ou laços vibracionais, os quais drenam a vitalidade, replicam padrões emocionais negativos e mantêm o clone funcional. Os médiuns visualizam esses cordões sendo cortados com espadas de luz, lâminas simbólicas ou pela ação de comandos como: "Cortamos agora, em nome da luz maior, todos os vínculos negativos, parasitários ou manipuladores entre o ser original e o seu clone astral. Que cada um retorne ao seu ponto de origem para ser tratado ou dissolvido."

Neste ponto, há duas possibilidades. Se o clone é puramente artificial, resultado de manipulação externa sem qualquer centelha de consciência própria, ele pode ser imediatamente dissolvido por transmutação energética. Isso é feito com auxílio de luz violeta, comandos de desintegração ou pelo direcionamento da forma para um núcleo transmutador espiritual. Entretanto, se o clone carrega em si fragmentos legítimos da alma da pessoa — como ocorre nos casos de traumas profundos, subpersonalidades reprimidas ou projeções inconscientes — então o processo requer delicadeza. O clone não é destruído, mas sim acolhido, compreendido e reintegrado ao ser original.

Essa reintegração é conduzida por meio de doutrinação espiritual. Os médiuns, sob orientação dos mentores da equipe espiritual, dialogam com o clone, identificam suas crenças, dores e propósitos. Muitas vezes, essas formas pensam que estão protegendo o original, ou vivem aprisionadas em ideias obsoletas de culpa, raiva ou medo. Quando compreendidas e libertas, essas formas se fundem suavemente ao campo da pessoa, restabelecendo a unidade interior. O assistido, em estado consciente, pode sentir emoções intensas durante esse momento: choro, alívio, visões simbólicas ou até mesmo recordações vívidas de eventos esquecidos. Isso indica que a alma está se reestruturando.

Além disso, a Apometria não se limita a tratar o clone. Ao redor dessa forma, frequentemente se detectam obsessores, magos das sombras, pactos cármicos, miasmas e formas-pensamento que sustentavam ou utilizavam o clone como ferramenta. A sessão, portanto, se transforma numa verdadeira varredura espiritual, onde o campo da pessoa é limpado, protegido e restaurado. Também é comum que os mentores espirituais da equipe implantem dispositivos de luz, escudos vibracionais ou reorganizações energéticas nos chakras e corpos sutis, garantindo que o equilíbrio recém-conquistado se mantenha após o término da sessão.

Um diferencial da Apometria é a precisão técnica. Não há improviso. Os grupos sérios trabalham com protocolos bem definidos, equipes mediúnicas treinadas, preces de abertura e fechamento, e relatórios detalhados. Tudo é documentado, discutido e analisado após cada sessão, garantindo um acompanhamento real do progresso do paciente. Em casos mais severos, pode-se agendar sessões sucessivas, cada uma focando em um aspecto da fragmentação ou obsessão. Essa continuidade é vital para consolidar a cura.

É importante salientar que o sucesso da Apometria depende tanto da atuação da equipe espiritual quanto da disposição do assistido. Após cada sessão, recomenda-se que a pessoa mantenha uma rotina espiritual elevada: preces diárias, leituras edificantes, contato com a natureza, alimentação leve e principalmente vigilância emocional. Afinal, mesmo após a remoção do clone, o padrão interno que o gerou pode tentar se reconstituir se não for transformado. A cura é um processo dinâmico, não um evento isolado.

A Apometria, quando realizada com seriedade, ética e preparo, revela-se uma ferramenta libertadora. Ela não apenas dissolve o clone astral, mas ensina ao indivíduo que ele é maior do que qualquer fragmento, mais forte do que qualquer sombra, e que possui em si todas as chaves para sua reintegração. É, em essência, um caminho de retorno ao centro do ser, onde nenhuma duplicata tem espaço, e onde a luz original pode finalmente brilhar em sua totalidade.

Capítulo 29
Reintegração Interna

Após a eliminação de uma estrutura energética como o clone astral, inicia-se um processo interno que requer sutileza, escuta e reconexão profunda com a própria essência. A ausência do duplo não significa, por si só, a restauração imediata do equilíbrio interno; ao contrário, sua retirada muitas vezes revela lacunas psíquicas, campos sensoriais fragilizados e uma sensação transitória de vazio, que podem se manifestar como melancolia, confusão ou desorientação. Essas manifestações não indicam regressão, mas sinalizam que o sistema energético está se reorganizando após um longo período de sobreposição identitária. O espaço deixado pelo clone precisa ser preenchido com presença autêntica, com a retomada da consciência em seus centros legítimos. Esse é o momento em que a reintegração interna se apresenta não como uma escolha, mas como uma etapa necessária de cura e reconstrução, sem a qual a libertação alcançada anteriormente permanece incompleta.

Reintegrar-se internamente exige disposição para visitar partes da psique que foram reprimidas, ignoradas ou rejeitadas durante o tempo em que o clone atuava como substituto psicoespiritual. O ser humano, ao abdicar de fragmentos sensíveis da própria alma — por medo, dor ou trauma — abre espaço para a formação de estruturas artificiais que, com o tempo, ocupam o lugar do verdadeiro eu. A remoção do clone é, portanto, apenas o primeiro passo. O desafio maior é convocar de volta essas partes legítimas, dar-lhes espaço de expressão e permitir que reencontrem seu lugar no conjunto da personalidade. Isso não se faz com pressa ou racionalização, mas com práticas que promovem presença consciente, escuta afetiva e abertura ao que emerge do interior. O reencontro com esses aspectos não acontece de forma linear; ele é orgânico, simbólico e profundamente transformador, especialmente quando o indivíduo compreende que cada parte de si carrega uma sabedoria que precisa ser acolhida, e não combatida.

É nesse terreno fértil de vulnerabilidade que a verdadeira reconstrução se inicia. A ausência do clone deixa o campo energético mais claro, mas também mais exposto, tornando-se essencial fortalecer as estruturas internas por meio de práticas espirituais constantes, expressão emocional autêntica e enraizamento físico. A reintegração não ocorre apenas nos planos sutis; ela precisa ser refletida na rotina, nos relacionamentos, na forma como o indivíduo habita o próprio corpo e se posiciona no mundo. Esse processo envolve, muitas vezes, a revisão de hábitos, a quebra de antigos padrões de pensamento e a revalorização da própria história. Quando feito com constância e sensibilidade, esse retorno ao centro resulta em uma presença vibracional mais estável, em decisões mais alinhadas com a alma e em uma força interior renovada — não aquela que impõe ou controla, mas a que sustenta, acolhe e guia a consciência de volta ao seu eixo original.

Essa fase não se trata de exorcizar, expulsar ou cortar — trata-se de acolher, abraçar, reabsorver partes do eu que ficaram dispersas, divididas ou negligenciadas durante o tempo de atuação do clone. É um processo de cura profunda e paciente, onde a pessoa aprende a se escutar de novo, a se observar sem julgamento e a reconstituir a integridade da sua essência. O clone astral, na maioria das vezes, não surge do nada: ele nasce da dor, do trauma, do desequilíbrio emocional ou da repressão de aspectos importantes do psiquismo. Portanto, se não houver um retorno desses aspectos ao seu legítimo centro, a ruptura pode se repetir.

A reintegração interna pode se dar por diversos caminhos, e não há fórmula única. Um dos mais poderosos e simbólicos é o trabalho com visualizações profundas e conscientes. Em um estado de relaxamento, olhos fechados e respiração ritmada, a pessoa visualiza-se em um cenário seguro: pode ser uma floresta, um templo, uma casa antiga. Ali, ela imagina encontrar um "outro eu" — geralmente uma criança, um adolescente ou uma figura sombria, dependendo da origem do fragmento. Ao estabelecer contato com essa parte perdida de si, inicia-se um diálogo. A escuta sincera é essencial: essa parte tem algo a dizer, algo que ficou esquecido, uma dor que nunca foi compreendida.

Durante essa visualização, a pessoa estende a mão, acolhe essa figura e a convida a retornar. Quando o "outro eu" aceita, ambos se abraçam e fundem-se em um só corpo, geralmente pelo centro do peito ou pelo terceiro olho. Essa imagem simbólica tem um impacto real nos planos sutis: representa o retorno do fragmento perdido ao eixo da consciência. Após essa fusão, o praticante visualiza uma luz dourada envolvendo todo o seu ser, como um selo de unidade. Esse simples exercício, feito com sinceridade, promove transformações notáveis no emocional e no psíquico.

Outras formas de reintegração envolvem o uso da palavra — seja escrita ou falada. Escrever cartas para si mesmo em diferentes fases da vida é um exercício poderoso. A carta escrita para o "eu ferido", para o "eu que criou o clone", ou para o "eu que foi manipulado" funciona como um pedido de reconciliação. Ao colocar no papel sentimentos que nunca foram expressos, abre-se espaço para a cura. Essa prática é ainda mais eficaz se, após escrever, a pessoa ler a carta em voz alta para si, diante de um espelho ou em um altar pessoal, como quem convoca a própria alma de volta à superfície.

A terapia psicológica é uma aliada essencial nesse ponto. Especialmente as abordagens que lidam com o inconsciente, como a psicologia analítica junguiana, a terapia de vidas passadas, a constelação familiar e o EMDR, possibilitam que memórias enterradas, arquétipos ativados ou dores ancestrais sejam integradas ao consciente de forma segura. Nessas práticas, o terapeuta atua como espelho e como guia, ajudando o indivíduo a encontrar as pontas soltas de sua história e costurá-las com fios de lucidez, compaixão e maturidade.

A espiritualidade, por sua vez, não deve ser deixada de lado. Meditações diárias, preces espontâneas e atos de gratidão têm um papel insubstituível na reintegração. Agradecer ao próprio corpo, à alma, ao espírito, por terem suportado o processo, é uma forma de celebrar a unidade. Criar um pequeno altar em casa com elementos que representem as forças restauradas — pedras, flores, símbolos pessoais, imagens de proteção — reforça o compromisso com a nova etapa. Esse altar funciona como ponto de ancoragem vibratória, lembrando diariamente que a fragmentação ficou para trás.

É importante também cultivar o enraizamento, o grounding, especialmente após experiências de desconexão intensa como a que ocorre com um clone astral ativo. Atividades físicas leves como caminhadas na natureza, tocar a terra com as mãos, tomar sol pela manhã e cuidar de plantas ajudam o corpo a se lembrar que está vivo e presente. Também favorecem o alinhamento dos chakras inferiores, muitas vezes debilitados por longos períodos de parasitismo energético.

Outro aspecto fundamental é a vigilância dos padrões mentais. Após a dissolução do clone, a mente pode continuar a operar em modo automático, repetindo ideias, medos ou crenças implantadas pela duplicata. É necessário identificar esses resquícios, reconhecê-los e substituí-los por afirmações conscientes. Mantras diários como "Eu sou inteiro", "Minha alma está em paz", "Eu me pertenço" e "Nenhuma parte de mim está fora de mim" devem ser repetidos até se tornarem verdade interior. A linguagem tem o poder de programar o campo vibratório, e quanto mais essa programação for conduzida com presença e constância, mais ela reordena o sistema interno.

É nesse estágio que o verdadeiro empoderamento acontece. A pessoa, agora liberta do clone, começa a perceber o quanto cedeu sua força no passado — e o quanto é possível reconquistá-la. A vontade retorna, o brilho nos olhos reaparece, os sonhos voltam a ser lembrados. O campo energético pulsa com autenticidade. E mais do que isso: a consciência se expande. Aquilo que parecia apenas um problema espiritual ou um distúrbio emocional revela-se como uma jornada arquetípica de retorno à origem, como o mito do herói que enfrenta sua sombra e volta transformado.

A reintegração interna é, portanto, o grande momento de florescimento após o inverno da fragmentação. É quando a alma volta a cantar com sua voz original, quando os pensamentos se alinham ao coração, quando o passado deixa de ser um peso e torna-se sabedoria. É também o ponto em que a pessoa se torna capaz de ajudar outras — não mais como vítima, mas como testemunha da luz que venceu o espelho da ilusão.

Esse processo não termina em um dia. Ele é uma reconstrução amorosa, lenta e profunda. Mas uma vez iniciado, o caminho só aponta em uma direção: para dentro. E lá, no âmago silencioso do ser, onde nenhuma duplicata pode alcançar, reside a verdade de que somos inteiros, sempre fomos, e sempre seremos.

Capítulo 30
Cuidados Finais

Encerrar um ciclo de liberação espiritual profunda, como a remoção de um clone astral, exige mais do que a simples finalização de procedimentos energéticos — requer o início consciente de uma nova etapa de maturidade interior, onde o zelo por si mesmo assume um papel central. Após a reintegração da essência fragmentada, o campo vibracional entra em um processo de estabilização delicado, em que toda escolha cotidiana passa a influenciar diretamente o fortalecimento ou a vulnerabilidade do novo estado conquistado. É nesse momento que os cuidados finais deixam de ser detalhes complementares e se tornam fundamentos estruturantes de uma vida renovada. O corpo, a mente, o espírito e as emoções precisam operar em sintonia, sustentando juntos um novo patamar de integridade. Essa fase representa não o fim de uma jornada, mas o início de um novo ciclo de presença, onde cada gesto consciente colabora para a permanência da liberdade recém-conquistada.

A vivência sem o clone, embora libertadora, pode inicialmente parecer estranha para a psique, acostumada com os padrões repetitivos impostos pela duplicata energética. Por isso, o comprometimento com práticas diárias de ancoragem e purificação torna-se um pilar indispensável. Cada ato de cuidado consigo mesmo — desde a organização do ambiente, a alimentação natural e a respiração consciente, até os momentos de silêncio, gratidão e oração — atua como uma espécie de reprogramação vibracional, que sinaliza ao campo energético que o tempo de fragmentação ficou para trás. Não se trata de obsessão com limpeza ou rigidez espiritual, mas de uma nova ética de autocuidado: aquela que entende que a liberdade espiritual, uma vez alcançada, precisa ser cultivada como uma flor rara. Esse cultivo demanda atenção, mas não sacrifício; exige presença, mas não perfeição. É um processo amoroso, feito de pequenos rituais diários que comunicam à alma: "Estou aqui, estou inteiro, e escolho permanecer assim."

À medida que esse novo estilo de vida se consolida, a pessoa começa a experimentar não apenas o alívio da ausência do clone, mas a emergência de uma força vital antes reprimida. A criatividade retorna, os sentidos se aguçam, e o olhar sobre o mundo se transforma. É como se a alma, agora desobstruída, começasse a ocupar plenamente os espaços internos que antes eram contaminados por vozes alheias, medos projetados ou dores cristalizadas. Nesse novo estágio, torna-se evidente que os cuidados finais não são medidas paliativas, mas pontes para uma vida alinhada ao verdadeiro eu. Essa vida não estará isenta de desafios, mas estará ancorada em uma lucidez que permite discernir entre o que é parte legítima do ser e o que é resquício de velhos enredos. O autocuidado deixa de ser uma prática pontual e torna-se uma forma de viver, onde cada escolha é uma afirmação de pertencimento a si mesmo, e cada gesto diário, uma oração silenciosa de permanência na luz.

Os cuidados finais não se referem a gestos grandiosos ou rituais complicados, mas à adoção de um estilo de vida que priorize a coerência energética. O primeiro pilar desse cuidado é a continuidade das práticas espirituais. O clone astral, por mais dissolvido que esteja, deixará impressões no campo energético, como pegadas em areia molhada. Meditações diárias, orações sinceras, uso de mantras ou cânticos sagrados funcionam como marés que apagam lentamente esses vestígios, restabelecendo o fluxo limpo da energia vital.

A disciplina mental, nesse contexto, torna-se uma ferramenta de purificação. Pensamentos obsessivos, autocríticas severas ou lembranças constantes do clone devem ser acolhidos com compaixão e convertidos em aprendizado. Cada vez que a mente tenta retornar ao drama, é preciso redirecioná-la suavemente ao presente. Técnicas de respiração consciente, atenção plena e afirmações restauradoras podem ser usadas nesses momentos. Frases como "Estou em paz com meu passado", "Sou inteiro agora" e "Nada externo me governa" reprogramam o subconsciente para manter o novo padrão energético.

Outro cuidado essencial diz respeito ao sono. Durante o período de dominação do clone astral, muitas pessoas relatam perturbações noturnas, pesadelos, sonambulismo ou sensação de presença. Após a libertação, essas manifestações podem cessar espontaneamente, mas também podem persistir por inércia energética. Para garantir um sono reparador e protegido, é recomendável manter um ritual noturno de limpeza: banhos leves com sal grosso e ervas, difusão de óleos essenciais como lavanda ou cedro, uso de cristais de proteção ao lado da cama (como a turmalina negra ou ametista), e, sobretudo, a visualização de uma luz branca envolvendo o corpo antes de dormir. Pedidos simples como "Que minha alma permaneça protegida durante o sono" funcionam como comandos no plano sutil, blindando o desdobramento natural que ocorre nas horas de descanso.

O ambiente físico em que se vive também deve refletir o novo estado vibratório. Espaços desorganizados, com excesso de objetos, bagunça ou sujeira, favorecem o acúmulo de energia densa — a mesma que atrai formas-pensamento e entidades oportunistas. A recomendação é promover uma limpeza física e energética dos ambientes, abrir janelas para renovar o ar, utilizar defumações periódicas com sálvia, alecrim ou incenso de mirra. Além disso, objetos herdados de pessoas com histórico de desequilíbrios, presentes de origem duvidosa ou itens usados durante o período de influência do clone podem ser doados, purificados ou descartados, conforme a intuição mandar.

As relações humanas também merecem atenção. Durante o tempo de atuação do clone, é comum que se estabeleçam conexões tóxicas — amizades manipuladoras, vínculos baseados em dependência emocional, relações familiares ou amorosas permeadas por controle ou chantagem. Após a libertação, a pessoa passa a enxergar com mais clareza quem contribui para sua luz e quem insiste em reativar padrões antigos. Romper laços tóxicos ou estabelecer novos limites passa a ser um gesto de proteção espiritual. Não é necessário agressividade — basta firmeza, clareza e priorização da própria paz.

Do ponto de vista físico, o corpo também precisa de suporte. O clone astral, enquanto ativo, compromete centros energéticos vitais como o plexo solar, o cardíaco e o frontal. Por isso, após a libertação, é natural sentir-se esgotado, confuso ou até vazio. A resposta é cuidar do corpo como se estivesse convalescendo de uma longa enfermidade. Alimentação leve, hidratação constante, caminhadas ao ar livre, terapias naturais (como massagens, acupuntura ou Reiki) e suplementações que fortaleçam o sistema imunológico podem acelerar o processo de reequilíbrio. Evitar álcool, alimentos industrializados, ambientes noturnos densos ou estímulos excessivos é recomendado até que o campo energético esteja plenamente restaurado.

A constância nos banhos de ervas também pode ser mantida por algumas semanas. Misturas com lavanda, manjericão, alecrim e camomila são suaves e promovem equilíbrio. Caso a pessoa sinta necessidade de um reforço espiritual, pode recorrer a um banho com arruda e guiné uma vez por semana, sempre finalizando com orações de agradecimento e visualizações de luz.

Outro aspecto a ser observado com carinho é o emocional. Durante a convivência com o clone, muitos sentimentos ficam distorcidos, bloqueados ou exacerbados. Após a sua remoção, é comum que emoções antigas ressurjam — tristeza, raiva, medo, culpa. Isso não significa recaída, mas sim que o corpo emocional está se recalibrando, liberando memórias para finalmente curá-las. Nestes momentos, a recomendação é acolher o sentimento sem se identificar com ele. Dizer a si mesmo: "Isso está vindo à tona para ser curado" já muda a postura interna. Se necessário, terapias de apoio como psicoterapia, arteterapia, constelação familiar ou regressão podem auxiliar no acolhimento desses resíduos emocionais.

É fundamental também que se estabeleça um novo propósito de vida. O clone astral, em sua atuação, tende a sugar não só energia vital, mas também sentido existencial. Muitos relatam que, enquanto o clone estava ativo, perdiam o interesse por seus sonhos, hobbies, estudos ou missões. Com sua retirada, surge uma espécie de recomeço. Essa é uma oportunidade sagrada de revisar prioridades, resgatar projetos antigos, buscar novos caminhos. Não é preciso mudar tudo de uma vez, mas sim retomar pequenos gestos que conectem com a alma: tocar um instrumento, escrever, dançar, rezar, caminhar em silêncio, servir aos outros de maneira genuína.

Evitar falar excessivamente sobre o clone ou reviver seu enredo também é parte dos cuidados finais. Embora seja natural querer compartilhar a experiência, a repetição da narrativa pode manter ativa a energia do passado. O ideal é transmutar a vivência em aprendizado: guardar o que foi útil, soltar o que foi pesado, e seguir adiante. Se houver o impulso de relatar, que seja em ambientes terapêuticos ou com pessoas preparadas para escutar sem julgamento, transformando a história em sabedoria útil.

O cuidado mais essencial de todos: cultivar a gratidão. Gratidão pelo corpo que resistiu, pela alma que gritou por socorro, pelos guias espirituais que ampararam, pelos rituais que surtiram efeito, e principalmente por si mesmo, que teve coragem de atravessar o deserto da fragmentação para reencontrar a inteireza. A gratidão é um selo de luz. Cada vez que se agradece, fecha-se uma porta para o sofrimento e abre-se uma janela para a cura.

Esses cuidados finais não são meros pós-operatórios. São, na verdade, os primeiros passos de uma nova existência — uma vida sem clones, sem sombras projetadas, mas cheia de presença, de centro e de liberdade verdadeira.

Capítulo 31
Libertação Completa

O ponto culminante de uma jornada espiritual marcada pela desconstrução de padrões ilusórios, dissolução de entidades parasitárias e reconexão com a essência é alcançado quando se estabelece, com plena consciência, um estado de liberdade interna inabalável. Essa libertação não é um evento espetaculoso, tampouco depende de validações externas ou manifestações místicas. Ela se revela, silenciosamente, como uma presença inteira, sem ruídos, sem sombras, sem ausências. Trata-se da restituição plena do eixo interior, quando a alma, enfim, reassume o comando do seu campo energético sem interferências, duplicatas ou condicionamentos impostos. O ser, agora limpo e centrado, passa a vibrar em sua frequência original — aquela que sempre existiu por trás de todas as camadas, distorções e fragmentações que o tempo e a dor acumularam. Nesse estado, não há esforço para ser quem se é; há apenas o fluir natural do que sempre foi, livre de resistências e autoenganos.

Com o desaparecimento definitivo do clone astral, o campo vibratório se reconfigura em harmonia com a matriz original da alma, restaurando não apenas a identidade psicoespiritual, mas também a conexão com os ciclos naturais da existência. O corpo se torna mais sensível às sutilezas da vida, a mente silencia gradualmente e os sentimentos assumem uma tonalidade de verdade, espontaneidade e profundidade. A ausência de conflitos internos permite que a energia vital circule com fluidez, impulsionando não apenas curas, mas criações. Novas ideias surgem, antigos sonhos são retomados, e um entusiasmo sereno pela vida se instala. A intuição se apura, revelando com clareza os caminhos da alma. E, com ela, vem a sabedoria de não mais resistir ao fluxo, mas sim de dançar com ele. Essa harmonia interna se traduz em decisões mais assertivas, relacionamentos mais autênticos e uma postura de presença que irradia paz mesmo em meio ao caos externo.

O que se estabelece, enfim, é uma nova consciência de si: uma percepção expandida que compreende a profundidade da própria travessia e reconhece, com humildade e lucidez, o papel da dor como instrumento de despertar. O clone, por mais disfuncional que tenha sido, serviu como espelho para revelar o que precisava ser olhado, acolhido e curado. Superá-lo é, em última instância, transcender antigos pactos com o medo, a culpa ou o esquecimento de si. E, ao alcançar esse ponto de clareza e soberania, o ser não retorna ao que era antes — ele nasce para uma nova versão de si mesmo, mais integrada, mais lúcida, mais livre. A verdadeira libertação não é apenas o fim de uma prisão invisível; é o início de uma vida em que cada gesto, palavra e pensamento estão alinhados com a verdade do ser. É a maturidade da alma assumindo seu lugar no mundo — sem ruídos, sem véus, e com a firmeza silenciosa de quem, enfim, voltou para casa.

Essa libertação não é apenas a ausência do clone. Ela é, sobretudo, a presença total do eu. Um estado em que o indivíduo não mais se divide entre forças internas conflitantes, vozes dissonantes ou impulsos contraditórios. A energia vital volta a fluir sem desvio, como um rio que reencontra seu leito original após anos represado por um obstáculo invisível. E quando essa energia se restabelece, tudo floresce: a clareza mental, o vigor físico, a estabilidade emocional e, principalmente, a soberania espiritual.

Nesse ponto da jornada, é comum que o indivíduo experimente uma série de sensações inusitadas. Uma delas é a leveza. Como se o corpo, por dentro, houvesse sido esvaziado de um peso antigo, ancestral. Os ombros relaxam, o coração se aquieta, a respiração torna-se ampla. Dormir deixa de ser uma fuga e passa a ser repouso. Acordar deixa de ser uma batalha e se transforma em um reencontro. Há um ritmo que se restabelece, como se a vida dançasse novamente no compasso certo.

Outro sinal da libertação completa é o retorno da identidade genuína. A pessoa começa a se lembrar de quem era antes das interferências. Retoma gostos esquecidos, habilidades negligenciadas, desejos antigos que pareciam apagados. Mas mais do que isso: passa a descobrir novos aspectos de si, talentos que estavam adormecidos sob o peso da duplicidade energética. É como se, ao eliminar o clone, o espaço ocupado por ele fosse ocupado por uma nova centelha criativa, agora alinhada com a verdadeira essência.

A intuição também se expande. Sem o ruído vibratório do clone atuando como uma antena dissonante, a pessoa começa a ouvir sua voz interior com mais nitidez. As decisões tornam-se mais fáceis, os sinais mais claros, as sincronicidades mais frequentes. É como se o universo voltasse a responder em tempo real, como se os caminhos se abrissem com fluidez, pois não há mais bloqueios internos boicotando os desejos legítimos da alma.

Mas talvez o aspecto mais profundo da libertação seja o empoderamento. A percepção de que, por mais que tenha havido auxílio externo — de médiuns, xamãs, terapeutas ou mentores —, foi a própria alma que escolheu se libertar. Foi a própria consciência que disse: basta. Esse reconhecimento é transformador. A pessoa deixa de se ver como vítima de forças invisíveis e passa a se compreender como cocriadora de sua realidade. Essa mudança de postura é o verdadeiro antídoto contra futuras formações de clones ou outras formas de parasitismo energético.

A libertação completa também traz consigo um senso de missão. Não se passa incólume por uma experiência como essa. Sobreviver a um clone astral é atravessar o próprio inferno íntimo, olhar no espelho e encarar não apenas o que foi criado por forças externas, mas também o que foi alimentado internamente. Esse mergulho traz maturidade, discernimento e compaixão. E muitos que chegam a esse ponto sentem um chamado quase natural para auxiliar outros. Não como salvadores, mas como testemunhas vivas de que a libertação é possível. De que a luz é real. De que a alma pode se reintegrar.

Alguns optam por estudar mais profundamente o universo espiritual, mergulhando em escolas esotéricas, linhas de cura energética, práticas ancestrais. Outros se tornam terapeutas, mentores ou apenas exemplos silenciosos. O caminho não importa. O que importa é a semente de lucidez plantada no centro da consciência: uma vez liberto, o ser passa a irradiar um campo de coesão tão potente que sua simples presença desestabiliza energias dissonantes ao redor. Ele se torna um foco de ordem vibratória num mundo frequentemente caótico.

Mas a libertação também traz responsabilidades. A principal delas é manter-se centrado. O clone, mesmo dissolvido, pode tentar se reinstalar através de padrões antigos, especialmente se a vigilância diminuir. Não por força própria, pois ele já não existe, mas pela tendência natural da psique humana de recriar zonas de conforto, mesmo que essas zonas sejam nocivas. Portanto, manter hábitos saudáveis, rotinas de limpeza energética e práticas de autoconhecimento não é opcional — é parte da nova vida.

Outra responsabilidade é com a verdade. O ser liberto precisa ser honesto consigo mesmo, abandonar máscaras, assumir sua luz e sua sombra com humildade. Fingir ser quem não é, ou tentar agradar a padrões externos em detrimento da própria essência, são portas abertas para novas fragmentações. A integridade, neste estágio, não é moralismo — é sobrevivência energética.

A vida, após a libertação completa, ganha outra textura. Pequenos prazeres se tornam intensos: o sabor da água, o calor do sol, a presença silenciosa de um animal, o abraço sincero de alguém que vê a alma além da aparência. Tudo parece mais real, porque não há mais filtros interferindo na percepção. É como se o véu tivesse sido levantado, e a pessoa, enfim, estivesse vivendo de dentro para fora, em harmonia com seu eixo central.

Muitos, ao chegarem nesse ponto, se perguntam: por que eu precisei passar por tudo isso? E embora não haja resposta única, há um sentimento comum: foi necessário. O clone, por mais terrível que tenha sido, serviu como catalisador de um processo muito mais profundo — o processo de despertar. Sem ele, talvez a alma continuasse adormecida, dispersa, dividida entre papéis e obrigações que não dialogavam com a verdade interior. O clone foi o espelho distorcido que obrigou o ser a buscar sua imagem original.

Essa percepção não justifica o sofrimento, mas o ressignifica. A dor vira mestra. O medo vira bússola. A perda vira portal. E, no fim, o que parecia um pesadelo se revela como um rito de passagem: do falso eu para o eu verdadeiro. Da fragmentação para a inteireza. Da sobrevivência para a vida plena.

A libertação completa é, pois, o ápice de uma jornada iniciada muitas vezes sem consciência. Uma jornada que passou por sombras densas, por labirintos emocionais, por combates invisíveis, por noites em claro e lágrimas silenciosas. Mas que termina — ou talvez comece — com uma certeza luminosa: a alma voltou para casa. E dentro dessa casa, agora limpa, íntegra e silenciosa, ela pode, enfim, repousar... e viver.

Epílogo

Ao longo destas páginas, você percorreu caminhos invisíveis, mergulhou nas múltiplas camadas do ser e, talvez pela primeira vez, viu refletido com clareza o rosto da sua sombra: o clone astral.

Este reflexo, muitas vezes ignorado ou temido, foi exposto aqui com honestidade, profundidade e coragem. Você compreendeu que ele pode nascer de traumas reprimidos, de emoções sustentadas com intensidade, de práticas espirituais mal conduzidas — e, sim, também pode ser arquitetado por forças externas com intenções ocultas. Mas mais importante do que saber *como* ele nasce, é compreender *por que* ele permanece.

O clone astral existe enquanto existir desequilíbrio. Ele é a resposta do universo interno a uma pergunta não feita. Ele é o eco de um grito não ouvido. Ele é o símbolo vivo de partes suas que foram deixadas para trás.

Agora, ao chegar ao fim desta leitura, uma nova etapa se inicia: a da reintegração.

Não se trata de eliminar ou destruir. O caminho mais elevado não é o da violência contra si mesmo, mas o da lucidez amorosa. A dissolução do clone astral não é uma batalha — é uma cura. É o momento em que você reconhece a origem do que parecia ser um inimigo, e vê nele um fragmento do seu próprio ser, tentando sobreviver à margem da sua consciência.

Você aprendeu que tudo vibra. Tudo se molda. E tudo que foi criado no plano astral pode ser transformado. O clone não é imutável. Ele responde às suas escolhas, à sua atenção, ao seu olhar desperto. E quanto mais você se conhece, menos ele precisa existir.

Mas essa jornada não termina aqui. Este epílogo não é um ponto final — é uma abertura.

Porque, agora que você possui o conhecimento, a responsabilidade é sua. Não mais viver em estado automático. Não mais entregar a sua energia à repetição de dores antigas. Não mais permitir que forças externas manipulem fragmentos da sua alma sem sua permissão.

A consciência é sua espada e sua cura. O conhecimento, sua armadura luminosa. A prática espiritual, o caminho que reintegra o que foi dissociado.

Você também descobriu que a existência do clone astral é um chamado — um lembrete de que há partes suas esquecidas, feridas, adormecidas. E cada uma delas pede por atenção, não para dominar, mas para ser curada. Ao reconhecer essas partes, você não se enfraquece — você se torna inteiro.

E essa inteireza muda tudo.

Muda a forma como você pensa, sente e se relaciona. Muda os padrões energéticos que você emite. Muda a qualidade da sua presença no mundo. Porque um ser integrado não é dominado pelo medo, pela culpa ou pelo autojulgamento. Ele é guiado pela clareza, pela intuição e pelo amor próprio profundo.

Se algo em você se mexeu durante esta leitura — se reconheceu sintomas, se sentiu inquietações, se acessou memórias esquecidas — saiba: você já iniciou o processo de dissolução.

Porque *ver* o clone é o primeiro passo para desativar seu poder.

Aqueles que vivem sob a influência de duplicatas astrais inconscientes muitas vezes não têm ideia de que carregam dentro de si um campo de distorção vibracional. Agem, sentem e decidem sob o comando silencioso de uma parte fragmentada. Mas você já não é mais um desses. Você viu. Você soube. Você se libertou.

E agora?

Agora é o tempo da prática. De manter a vigilância interna. De cultivar emoções puras. De escolher pensamentos alinhados com o que você realmente deseja ser. De filtrar com sabedoria o que entra em sua mente, o que sai da sua boca e o que pulsa do seu coração.

Você é o centro do seu campo energético.

Não há entidade mais poderosa em sua vida do que sua própria consciência desperta. Nem obsessores, nem magos negativos, nem egrégoras coletivas têm força maior do que a de um ser que se conhece e se ama por inteiro.

E quando isso acontece, o clone astral — que já não encontra alimento vibracional — começa a se enfraquecer. Ele retorna à fonte. Ele se dissolve no éter. E o que era sombra vira força. O que era dor vira sabedoria. O que era fragmento vira luz integrada.

Neste ponto, você não apenas se cura — você se transforma em um canal de cura para o mundo.

Porque quem se reintegra, irradia. Quem se reconhece, inspira. Quem se liberta, desperta outros.

Por isso, este livro não termina em você. Ele continua nos olhares que você encontrará, nas conversas que terá, nas escolhas que fará. Sua presença mudará. Seu campo vibrará diferente. E o mundo, mesmo que sutilmente, se transformará com você.

A jornada do espelho oculto é, no fundo, a jornada do retorno ao lar interior. E agora, ao fechar estas páginas, você sabe: o verdadeiro lar nunca esteve fora. Sempre esteve aí — no centro silencioso da sua consciência.

Bem-vindo de volta.

www.ingramcontent.com/pod-product-compliance
Lightning Source LLC
LaVergne TN
LVHW040047080526
838202LV00045B/3532